VERSUS

Gema Jiménez Canales

Zürich 02   01/4627026

D1724812

Das ABC der betriebswirtschaftlichen Forschung

Anleitung zum wissenschaftlichen Arbeiten

Prof. Dr. Sybille Sachs · Andrea Hauser, lic. oec. HSG

Versus · Zürich

Die Deutsche Bibliothek – CIP-Einheitsaufnahme
Sachs, Sybille:
Das ABC der betriebswirtschaftlichen Forschung : Anleitung zum
wissenschaftlichen Arbeiten / Sybille Sachs ; Andrea Hauser. –
Zürich : Versus, 2002
ISBN 3-908143-99-3

Informationen über Bücher aus dem Versus Verlag finden Sie unter
http://www.versus.ch

© Versus Verlag AG, Zürich 2002

Umschlagbild und Kapitelillustrationen: Susanne Keller · Zürich
Satz und Herstellung: Versus Verlag · Zürich
Druck: Comunecazione · Bra
Printed in Italy

ISBN 3 908143 99 3

Vorwort

Im Laufe eines Studiums steht jede Studentin beziehungsweise jeder Student vor der Aufgabe, eine wissenschaftliche Arbeit zu schreiben, sei dies nun eine Seminararbeit, eine Semesterarbeit oder eine Diplomarbeit. Damit diese Aufgabe erfolgreich gelöst werden kann, sollte man beim Schreiben möglichst systematisch und methodisch vorgehen. Zudem ist die Zeit, die für das Schreiben einer Arbeit zur Verfügung steht, in der Regel begrenzt (Seminarplan, Prüfungsordnung). Diese Tatsache zwingt den Schreibenden zu planen.

Das Ziel dieses Buches ist es, den Studierenden[1] der Betriebswirtschaftslehre wesentliche Überlegungen und Begrifflichkeiten des wissenschaftlichen Arbeitens näher zu bringen sowie aufzuzeigen, wie eine schriftliche Arbeit geplant und durchgeführt wird.

Unsere Ausführungen haben sich in dieser Arbeit darauf beschränkt, Studierenden Hilfestellungen zu bieten beim Erstellen ihrer wissenschaftlichen Arbeit. Diese Hilfestellungen sollen den Studierenden den Freiraum ermöglichen, sich auf das Wesentliche zu konzentrieren, Begeisterung für die eigene Forschungsfrage und deren Beantwortung zu finden.

Wir danken Eliane Degonda vom Versus Verlag für das anregende Lektorat. Weiter danken wir Isabelle Kern, lic. phil. I, für die kom-

---

1 In sämtlichen Ausführungen sind sowohl Frauen wie Männer angesprochen.

petente und engagierte Mitarbeit. Bei Daniel Stettler, Fachreferent
Wirtschaftswissenschaften der Zentralbibliothek Zürich, bedanken
wir uns für die Übersichten zum deutschen und österreichischen Bibliothekensystem.

Zürich, November 2001   Sybille Sachs und Andrea Hauser

Inhaltsverzeichnis

Teil I

Kernelemente einer wissenschaftlichen Arbeit

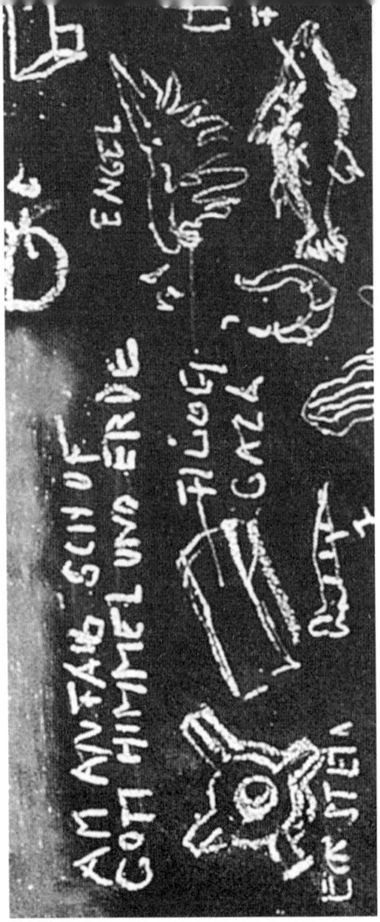
AM ANFANG SCHUF
GOTT HIMMEL UND ERDE
ENGEL

Kapitel 1
Betriebswirtschaftslehre

Viele in den Medien (Fernsehen, Tageszeitungen etc.) aufgegriffene Themen befassen sich mit wirtschaftlichen Vorgängen. Einzelne dieser Themen bilden den Gegenstand der Betriebswirtschaftslehre (z. B. Fusionen von Unternehmungen, Verlauf der Aktienkurse von Unternehmungen). Aber nicht nur die Medien, sondern auch unser Alltag ist geprägt durch wirtschaftliche Gegebenheiten (z. B. Kostenüberlegungen, Investitionsentscheidungen).

Unternehmungen sind wesentliche gesellschaftliche Organisationen, die unser Leben nachhaltig prägen. Zum einen wirken sich die unternehmerischen Tätigkeiten auf alle Menschen aus, und zum anderen arbeitet ein Grossteil der berufstätigen Bevölkerung für beziehungsweise in Unternehmungen. Obwohl diese Menschen mit Unternehmungen in Berührung stehen und einiges über die unternehmerischen Vorgänge wissen, sind sie damit noch keine Betriebswirtschaftler im wissenschaftlichen Sinne. In der Betriebswirtschaftslehre hat sich nämlich in den letzten Jahrzehnten – ähnlich wie in anderen wissenschaftlichen Disziplinen – eine ganz bestimmte Art entwickelt, Probleme zu bestimmen, zu analysieren und zu lösen. Diese spezifische Art des Umgangs mit unternehmerischen Problemen in Form einer wissenschaftlichen Arbeit zeigt dieses Buch.

Um wissenschaftlich arbeiten zu können, muss der Betriebswirtschaftler wissen, auf welche Definitionen sich seine Disziplin stützt. Die Betriebswirtschaftler definieren *Betriebswirtschaftslehre (BWL)* als die Wissenschaft von den Betrieben. Gegenstand der Betriebswirtschaftslehre sind damit Institutionen und Personen, deren Verhalten auf wirtschaftliche Güter bezogen ist.[1]

1.1   Gegenstand der Betriebswirtschaftslehre: der Betrieb

Als *Betrieb* gilt jede Wirtschaftseinheit, die Güter produziert und/oder konsumiert. Damit sind nicht nur Unternehmungen Betriebe, sondern auch private Haushalte. Verschiedene Betriebswirtschaftler vertreten allerdings die Meinung, dass diese Definition zu weit gefasst ist. Sie bezeichnen nur jene Wirtschaftseinheiten als Betriebe, die Güter herstellen. Somit gelten die privaten Haushalte nicht mehr als Betriebe.[2]

Alle Betriebe verfügen über verschiedene Merkmale, wobei sechs dieser Merkmale, drei wirtschaftssystemunabhängige und drei wirtschaftssystemabhängige, für die Kennzeichnung von Betrieben von spezieller Bedeutung sind.

Nach Gutenberg[3] weisen alle Betriebe – unabhängig vom Wirtschaftssystem – *drei notwendige Merkmale* auf:

1. Betriebe erstellen Leistungen durch die Kombination produktiver Faktoren (z. B. Arbeit, Wissen, Rohstoffe),
2. Betriebe streben nach Wirtschaftlichkeit (Verhältnis von Aufwand und Ertrag) und
3. Betriebe müssen die Fähigkeit haben, ihre Zahlungsverpflichtungen rechtzeitig zu erfüllen.

Beispiel 1
Shell

Die Unternehmung Shell versucht, ihre produktiven Faktoren (z. B. Rohstoffe, technische Fähigkeiten, Know-how, finanzielle Mittel) optimal zu kombinieren, sodass die Erlöse (Ertrag) aus Ölgewinnung und -verkauf die Kosten (Aufwand)

---

1 Der erste deutschsprachige Lehrstuhl in Betriebswirtschaftslehre an einer Universität wurde im Jahre 1903 an der Universität Zürich geschaffen. Die anderen deutschsprachigen Universitäten folgten diesem Beispiel in kurzen Abständen. Die Betriebswirtschaftslehre ist demzufolge eine junge Disziplin.
2 Dieses Buch basiert auf der enger gefassten Definition.
3 Vergleiche Gutenberg, zitiert nach Rühli 1996, S. 58.

der produktiven Faktoren in diesem Bereich decken (Wirtschaftlichkeit), und sie in der Lage ist, ihren Zahlungsverpflichtungen nachzukommen.

Neben den drei genannten systemunabhängigen Charakteristiken prägen auch wirtschaftssystemabhängige Merkmale die Ausgestaltung der Betriebe.

Im Wirtschaftssystem der freien Marktwirtschaft weisen die Betriebe beziehungsweise Unternehmungen *zusätzlich* die folgenden *drei Merkmale* auf:[1, 2]

1. Unternehmungen streben nach einer angemessenen Rendite für die Eigentümer (Privateigentum),
2. Unternehmungen stehen in einem Wettbewerbsverhältnis, das heisst, viele Unternehmungen konkurrieren sich auf dem Markt, und
3. Unternehmungen (Unternehmungsführungen) bestimmen die Unternehmungsstrategie weitgehend selbst, ohne behördliche Einschränkungen (Freiheit).

Beispiel 1 (Forts.) Shell	Die Unternehmung Shell muss als Aktiengesellschaft ihren Aktionären eine angemessene Rendite auf das der Unternehmung zur Verfügung gestellte Kapital erwirtschaften (Dividende). Dies bedeutet, dass sich Shell im Wettbewerb zwischen den verschiedenen Ölgesellschaften behaupten muss. Zudem muss sich Shell den gesetzlichen Grundlagen der einzelnen Länder, in denen sie tätig ist, fügen. Innerhalb dieser Rahmenbedingungen ist sie in der Ausgestaltung ihrer unternehmerischen Tätigkeiten aber frei.

1.2 Gliederungsvarianten in der Betriebswirtschaftslehre

Die Betriebswirtschaftslehre, die sich – wie gezeigt wurde – mit Betrieben befasst, kann anhand verschiedener Kriterien gegliedert werden, wobei in der Betriebswirtschaftslehre vor allem die folgenden drei Gliederungsvarianten diskutiert werden:

---

1 Vergleiche Gutenberg, zitiert nach Rühli 1996, S. 58.
2 Dieses Buch konzentriert sich auf Betriebe im marktwirtschaftlichen Wirtschaftssystem, weil die meisten Länder der westlichen Welt über das Wirtschaftssystem der (sozialen) Marktwirtschaft verfügen. Die (freie) Marktwirtschaft beruht auf dem Privateigentum der Produktionsmittel sowie dem freien Wettbewerb. Die wirtschaftenden Menschen treffen ihre Entscheidungen in persönlicher Freiheit. Neben der Marktwirtschaft gibt es weitere Wirtschaftssysteme wie etwa die Planwirtschaft.

- Die *generische Gliederung* der Betriebswirtschaftslehre betont die verschiedenen Entwicklungsphasen einer Unternehmung: Gründungsphase, Umsatzphase und Liquidationsphase. Die Festsetzung der unternehmerischen Ziele, Massnahmen und Mittel ist dabei phasenabhängig. Die generische Gliederung wird insbesondere in der Finanzierungslehre angewendet.
- Bei der *institutionellen Gliederung* der Betriebswirtschaftslehre stehen die verschiedenen Branchen im Vordergrund. So werden beispielsweise Banken, Versicherungen, Industriebetriebe und Handelsbetriebe unterschieden. Die Festsetzung der unternehmerischen Ziele, Massnahmen und Mittel erfolgt dabei branchenspezifisch. Die institutionelle Gliederung hat in letzter Zeit an Bedeutung verloren, da sich die Grenzen zwischen den einzelnen Branchen verwischen.
- Die *funktionale Gliederung* betont die einzelnen Funktionen des Leistungserstellungsprozesses: Beschaffung, Produktion, Absatz, Finanzierung, Organisation, Personal, Führung etc. Diese Grundfunktionen unternehmerischen Handelns sind zeitlos. Deshalb ist die funktionale Gliederung die häufigste Gliederungsvariante in der Betriebswirtschaftslehre.

1.3 Zwei Basiskonzepte der Betriebswirtschaftslehre

Wie bereits erwähnt, stellt die Betriebswirtschaftslehre die Betriebe ins Zentrum der Betrachtung. Insbesondere interessiert sie sich für private gewinnorientierte Unternehmungen, die Güter und Dienstleistungen herstellen und/oder anbieten.

Die Betriebswirtschaftslehre stützt sich grundsätzlich auf zwei Basiskonzepte ab:

- das sozialwissenschaftliche Basiskonzept und
- das ökonomische Basiskonzept.[1]

Je nachdem, welches Basiskonzept einer wirtschaftswissenschaftlichen Arbeit zugrunde gelegt wird, werden die wirtschaftlichen Vorgänge und Gegebenheiten unterschiedlich beleuchtet und damit werden je andere Schwerpunkte gesetzt.[2] Beide Basiskonzepte beinhal-

---

1   Vergleiche Raffée 1984, S. 25–29.
2   Problemstellungen innerhalb der verschiedenen Funktionen einer Unternehmung (z.B. Finanzierung, Führung) können damit sowohl aus einer sozialwissenschaftlichen als auch aus einer ökonomischen Perspektive behandelt werden.

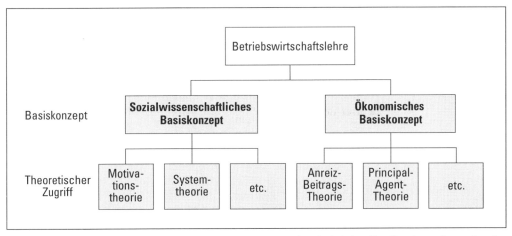

▲ Abb. 1   Zwei Basiskonzepte der Betriebswirtschaftslehre (Quelle: eigene Darstellung)

ten verschiedene theoretische Zugriffe (z. B. Motivationstheorie, Anreiz-Beitrags-Theorie[1]), die ihrerseits das Erkenntnisobjekt und damit auch die Forschungsfrage beeinflussen (vgl. ◀ Abb. 1).[2]

1.3.1 Sozial-wissenschaftliches Basiskonzept

Basiert eine betriebswirtschaftliche Arbeit auf dem sozialwissen-schaftlichen Basiskonzept, steht die menschliche Bedürfnisbefriedi-gung im Vordergrund. Wirtschaftliche Vorgänge werden als Prozesse gesehen, die mittels Güter der menschlichen Bedürfnisbefriedigung dienen. Unternehmungen haben also den primären Zweck, mensch-liche Bedürfnisse durch die Produktion von Gütern zu befriedigen. Dabei ist eine Unternehmung ein soziales System, das in reger Inter-aktion mit seinem Umfeld (Wirtschaft, Gesellschaft, Ökosystem) steht. Im sozialwissenschaftlichen Basiskonzept ist das Menschen-bild stark durch die Realität geprägt. Der Mensch wird als komple-xes Wesen (z. B. mit sich verändernden Bedürfnissen und Neigungen

---

1   Diese theoretischen Zugriffe sind nur beispielhaft erwähnt.
2   Beim theoretischen Zugriff handelt es sich um die Theorie, die man einer wissen-schaftlichen Arbeit zugrunde legt. Genauer umfasst der theoretische Zugriff meis-tens nur Elemente einer Theorie (z. B. den Transaktionskostenansatz der neoinsti-tutionellen Theorie), ein Modell (z. B. das Modell von Angebot und Nachfrage der Mikroökonomie) oder ein Framework (z. B. aus der Strategietheorie das Frame-work der Unternehmungsstrategie von Porter). Der theoretische Zugriff kann bildlich als spezifische Brille umschrieben werden, die festlegt, wie soziale Wirk-lichkeit erfasst, erklärt und verstanden werden kann. Die jeweilige Sichtweise des theoretischen Zugriffs beeinflusst nicht nur das Erkenntnisobjekt und damit die Forschungsfrage, sondern auch die Art, wie dieses Erkenntnisobjekt empirisch erfasst werden kann.

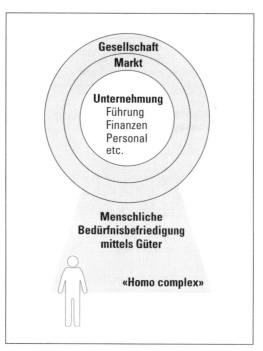

▲ Abb. 2   Sozialwissenschaftliches Basiskonzept (Quelle: eigene Darstellung)

beziehungsweise mit sich verändernden Präferenzen der Nachfrage) wahrgenommen (vgl. ◄ Abb. 2).

Die Betriebswirtschaftslehre ist im sozialwissenschaftlichen Basiskonzept eine Teildisziplin der Sozialwissenschaften. Zur Erklärung unternehmerischer Tätigkeiten werden deshalb auch Erkenntnisse aus anderen sozialwissenschaftlichen Disziplinen wie der Soziologie und der Psychologie beigezogen.

**1.3.2
Ökonomisches
Basiskonzept**

Basiert eine betriebswirtschaftliche Arbeit auf dem ökonomischen Basiskonzept, stehen (im Gegensatz zum sozialwissenschaftlichen Basiskonzept) wirtschaftliche Vorgänge und Gegebenheiten sowie jene Aspekte menschlichen Handelns im Vordergrund, die zur Erzielung und Verwendung von Einkommen beitragen. Dementsprechend dient eine Unternehmung der Leistungserstellung und Leistungsverwertung. Referenzrahmen für das menschliche Handeln ist der Modellmensch «Homo oeconomicus». Das ökonomische Basiskonzept geht davon aus, dass sich Menschen insofern rational verhalten, als

▲ Abb. 3   Ökonomisches Basiskonzept (Quelle: eigene Darstellung)

sie unter gegebenen Umständen stets ihren höchsten Nutzen anstreben (vgl. ◄ Abb. 3).

Die Betriebswirtschaftslehre ist im ökonomischen Basiskonzept eine Teildisziplin der klassischen Wirtschaftswissenschaften, das heisst der ökonomischen Theorie.

Beispiel 2
Migros

Die Unternehmung Migros will vermehrt Eier von Freilandhühnern verkaufen. In diesem Zusammenhang führt sie eine Befragung bei ihren Kunden durch. Die Mehrheit der interviewten Personen antwortet, dass sie Eier von Freilandhühnern kaufen würde, obwohl diese teurer sind als die Eier aus der Legebatteriehaltung. Bei der Untersuchung des tatsächlichen Kaufverhaltens zeigt sich aber, dass der Grossteil der Kunden die billigeren Eier kauft.

Je nachdem, welches Basiskonzept die Migros ihrer Marktforschung zugrunde legt, unterscheiden sich die Forschungsfrage (vgl. 6.5 «Forschungsfrage») und die Forschungsmethode (vgl. 3.2.2 «Wissenschaftstheoretische Grundposition») ihrer Analyse.

- In einer *sozialwissenschaftlichen* Perspektive interessieren beispielsweise die Gründe für die Diskrepanz zwischen Aussage und Verhalten der befragten Kunden beziehungsweise welche Motive den Kaufentscheid bei Eiern beeinflussen. Der Widerspruch ist möglicherweise auf den sozialen Druck, unter dem die befragten Kunden stehen, zurückzuführen. Die Kunden wissen, dass aufgrund der Tierhaltung die Eier der Freilandhühner bevorzugt werden müssen. Beim Kaufentscheid fehlt der soziale Druck, was zur Folge hat, dass mehrheitlich die Eier aus der Legebatteriehaltung gekauft werden. Dieses Beispiel zeigt den Menschen als komplexes und vielschichtiges Wesen, dessen Handlungen nicht oder nur beschränkt vorausgesagt werden können.

- In einer *ökonomischen* Perspektive interessieren primär die ökonomischen Anreize, die das Handeln der Kunden beeinflussen. Der Mensch als Nutzenmaximierer will in jeder Situation seinen Nutzen steigern. Der Befragte nimmt an, die Gesellschaft und damit auch der Interviewer bevorzuge die Eier von Freilandhühnern und verspricht sich in der Befragungssituation den grössten Nutzen von der Akzeptanz des Interviewers. Deshalb befürwortet er in der Befragungssituation den Kauf von Eiern von Freilandhühnern. Beim Kauf hingegen ergibt sich der Nutzen aus der Kosteneinsparung, sodass die billigeren Eier aus der Legebatteriehaltung gekauft werden. Die Diskrepanz zwischen Aussage und Verhalten der Kunden wird in einer ökonomischen Perspektive also damit begründet, dass der Mensch diejenigen Eier bevorzugt, die ihm, abhängig von der spezifischen Situation, den höchsten Nutzen bringen.

Auch die Konsequenzen, die das Management der Migros aus der Situation zieht, sind abhängig vom gewählten Basiskonzept.

- In einer *sozialwissenschaftlichen* Perspektive müsste das Management der Migros die Motivation der Kunden, Eier von Freilandhühnern zu kaufen, erhöhen. Dies erreicht Migros beispielsweise durch eine Informationskampagne, die betont, dass die Eier von Freilandhühnern von «glücklichen Hühnern» stammen.
- In einer *ökonomischen* Perspektive müsste Migros ihre Managementanstrengungen auf die monetären Anreize fokussieren. Die Eier von Freilandhühnern müssten billiger, beziehungsweise die Eier aus der Legebatteriehaltung teurer werden.

Es gibt Forschungsarbeiten, die sowohl auf dem ökonomischen wie auch auf dem sozialwissenschaftlichen Basiskonzept beruhen. In diesem Fall werden zur Beantwortung einer Forschungsfrage zwingend mehrere theoretische Zugriffe benutzt.

In ▶ Abb. 4 werden die beiden Basiskonzepte einander stichwortartig gegenübergestellt.

Sozialwissenschaftliches Basiskonzept	Ökonomisches Basiskonzept
■ Betriebswirtschaftslehre als Teildisziplin der Sozialwissenschaften ■ Wirtschaftliche Vorgänge als Ergebnis des Strebens nach Bedürfnisbefriedigung mittels wirtschaftlicher Güter ■ Unternehmungen als soziale Systeme in reger Interaktion mit ihren Umsystemen ■ Komplexes Menschenbild	■ Betriebswirtschaftslehre als Teildisziplin der klassischen Wirtschaftswissenschaften ■ Wirtschaftliche Vorgänge als Ergebnis des Strebens nach Einkommenserzielung und -verwendung ■ Unternehmungen dienen der Leistungserstellung und -verwertung ■ «Homo oeconomicus» als Menschenbild

▲ Abb. 4   Sozialwissenschaftliches und ökonomisches Basiskonzept
(Quelle: eigene Darstellung)

Kapitel 2
Betriebswirtschaftslehre als Teil der Wissenschaften

Wissenschaftliche Leistungen, die Auswirkungen auf unser tägliches Leben haben, werden in der Öffentlichkeit diskutiert. Insbesondere interessieren diejenigen Forschungsresultate wissenschaftlicher Arbeiten, die zum unmittelbaren Komfort des Menschen beitragen (z.B. Erhöhung der Mobilität, Erleichterung der Hausarbeit) oder bei der Bewältigung wichtiger Gegenwartsprobleme (z.B. Umweltverschmutzung, Zivilisationskrankheiten) helfen.

2.1 Formalwissenschaften und Realwissenschaften

Um wissenschaftlich arbeiten zu können, muss der Betriebswirtschaftler wissen, wo sein Fachgebiet innerhalb anderer Wissenschaften verortet ist.

Wie ▶ Abb. 5 verdeutlicht, können die Wissenschaften grundsätzlich in Formal- und in Realwissenschaften unterteilt werden.[1]

- Die *Formalwissenschaften* befassen sich vor allem mit logischen Zusammenhängen in Form von Zeichensystemen. Die Mathema-

---

1 Vergleiche Ulrich und Hill 1979, S. 163.

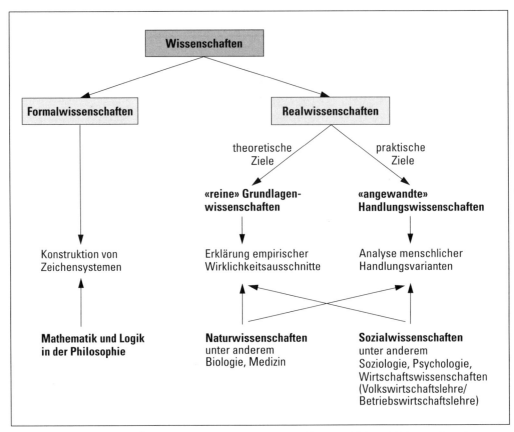

▲ Abb. 5   Übersicht über die Wissenschaften (Quelle: Ulrich und Hill 1979, S. 163)

tik und die Logik innerhalb der klassischen Philosophie sind Beispiele für Formalwissenschaften.

■ Die *Realwissenschaften* beschäftigen sich demgegenüber mit dem
Erfassen, Erklären und Verstehen der Wirklichkeit und der Analyse menschlicher Handlungsvarianten. Beispiele für Realwissenschaften sind die Naturwissenschaften[1] und die Sozialwissenschaften[2].

---

1 Die Naturwissenschaften erforschen und erklären die Gesetzmässigkeiten der be-
   lebten und unbelebten Natur. Sie schaffen die Voraussetzungen, damit sich der
   Mensch in der Natur zurechtfindet. Zu den Naturwissenschaften gehören etwa die
   Biologie, die Medizin, die Physik und die Chemie.
2 Die Sozialwissenschaften untersuchen und analysieren Phänomene und Prozesse
   der Gesellschaft. Zu ihnen gehören unter anderem die Soziologie, die Psychologie und die Wirtschaftswissenschaften.

Die Realwissenschaften erachten für die Erkenntnisgewinnung sowohl das «rein» theoretische Wissen (der so genannten Grundlagenwissenschaften, z.B. Teilbereiche der Naturwissenschaften, wie die theoretische Physik) als auch das angewandte, handlungsorientierte Wissen (der so genannten angewandten Handlungswissenschaften, z.B. die Sozialwissenschaften) als notwendig.

Die Betriebswirtschaftslehre als Sozialwissenschaft zählt sich zu den angewandten Wissenschaften.

2.2 Grundlagenwissenschaften und angewandte Wissenschaften

Im Folgenden wird auf die Unterscheidung von Grundlagenwissenschaften und angewandten Wissenschaften eingegangen, wobei insbesondere die Einordnung der Betriebswirtschaftslehre interessiert.

Die *Grundlagenwissenschaften* verfolgen hauptsächlich theoretische Ziele (vgl. ◄ Abb. 5). Sie suchen nach allgemeinen Theorien, um bestehende Realitäten beziehungsweise beobachtbare Phänomene zu beschreiben und zu erklären. Lücken im bestehenden Wissensbestand sollen geschlossen oder Widersprüche eliminiert werden. Für die Grundlagenwissenschaften ist die bestehende Realität das Untersuchungsobjekt. Welche Konsequenzen und Anwendungsmöglichkeiten ihre Erkenntnisse im Alltag haben, dafür interessieren sich die Grundlagenforscher selten. Der Anwendungszusammenhang ist für die Grundlagenwissenschaften nicht der primäre Ausgangspunkt.[1]

Die Probleme der angewandten Wissenschaften und damit auch diejenigen der Betriebswirtschaftslehre als Sozialwissenschaft stehen demgegenüber immer in einem Anwendungszusammenhang (Praxisbezug).

Die *angewandten Wissenschaften* verfolgen primär praktische Ziele (vgl. ◄ Abb. 5). Sie analysieren menschliche Handlungsvarianten und versuchen, Probleme und Fragen aus der Alltagswelt anhand von theoretischen Erkenntnissen zu lösen beziehungsweise zu beantworten, indem sie konkrete Handlungsempfehlungen geben. Durch den Erkenntnisfortschritt sollen neue Realitäten geschaffen werden. Für die angewandten Wissenschaften ist die bestehende Realität folg-

---

1 Vergleiche Kromrey 2000, S. 19.

lich Ausgangspunkt jeder Forschung und damit der Anwendungszusammenhang bestimmend beziehungsweise konstitutiv.[1]

Die *Betriebswirtschaftslehre* als angewandte Wissenschaft hat das
grundsätzliche Ziel, Unternehmungen erfolgreicher[2] zu gestalten.
Das heisst, dass die Betriebswirtschaftslehre neben dem Beschreiben, Erklären und Verstehen der bestehenden Realität auch Gestaltungsempfehlungen abgibt, damit nicht erfolgreiche Unternehmungen in der Zukunft erfolgreich sind und bereits erfolgreiche Unternehmungen noch erfolgreicher werden. Um die geeignetsten
Gestaltungsempfehlungen zu bestimmen, müssen sich betriebswirtschaftliche Forschungsarbeiten zunächst darauf konzentrieren, mögliche menschliche Handlungsvarianten zu analysieren.

Beispiel 3 **Autounfälle**	Studien zeigen, dass bei schlechtem Wetter (Nebel, Regen, Schneefall, Glatteis) mehr Autounfälle geschehen als bei schönem Wetter. In den *Grundlagenwissenschaften* wird nun nach Erklärungen für den beobachteten Sachverhalt gesucht. Einerseits führen schlechte Sichtverhältnisse zu einer verzögerten Reaktion des Autofahrers und andererseits reduzieren Regen, Schnee und Eis die Reibung zwischen Autopneu und Strasse, mit der Folge, dass der Bremsweg länger wird. In den *angewandten Wissenschaften* werden die Erkenntnisse der Grundlagenforschung zwar berücksichtigt, doch ist das hauptsächliche Ziel, Handlungsempfehlungen etwa für die Autofahrer zu generieren. Beispielsweise könnte den Autofahrern geraten werden, bei schlechter Sicht langsamer zu fahren oder, um die reduzierte Reibung wieder zu erhöhen, Winterpneus oder Schneeketten zu montieren.
Beispiel 4 **Novartis**	Es lässt sich beobachten, dass die Unternehmung Novartis in mehr oder weniger regelmässigen Abständen neue Medikamente auf den Markt bringt. In der chemischen und medizinischen Grundlagenforschung werden stetig neue Zusammenhänge und Wirkungsfolgen von chemischen Stoffen entdeckt. Für Novartis sind die in den *Grundlagenwissenschaften* gewonnenen Forschungsresulta-wichtig, denn basierend auf diesen Erkenntnissen entwickelt sie neue Medikamente. Für eine Pharmazieunternehmung ist es zentral, gute und innovative Produkte in Planung und in Produktion zu haben. Unter anderem deshalb, weil die Beurteilung der Unternehmung an der Börse von den vorhandenen und zukünftigen Produkten abhängt. Die Betriebswirtschaftslehre als *angewandte Wissenschaft* könnte Novartis beispielsweise die Handlungsempfehlung geben, vermehrt die Zusammenarbeit mit Universitäten und Hochschulen zu suchen, um

---

1 Vergleiche Ulrich und Hill 1979, S. 164.
2 Eine Unternehmung gilt dann als erfolgreich, wenn sie Werte im weitesten Sinne
   (d.h. nicht nur finanzielle, sondern ökonomische Werte im Allgemeinen, aber
   auch soziale und ökologische Werte) generiert. Ökonomische Werte sind beispielsweise die finanzielle Entschädigung der Eigentümer und Werte für die Kunden. Soziale Werte betreffen den Staat und ökologische Werte dienen der Erhal-
   tung der Natur.

den Wissenstransfer zu optimieren. In solchen Zusammenarbeiten kann Novartis ihre eigenen Forschungsfähigkeiten gezielter nutzen, um erfolgreiche Produkte zu entwickeln.

Heutzutage besteht die Tendenz, dass Grundlagenwissenschaften und angewandte Wissenschaften zunehmend verschmelzen, sodass eine strikte Trennung kaum mehr möglich ist.

Kapitel 3

Grundsätzliche Fragen in der betriebswirtschaftlichen Forschung

3.1 Festlegung der Forschungsgrundlagen

Die Betriebswirtschaftslehre befasst sich mit Betrieben (insbesondere Unternehmungen) und richtet ihr Interesse als Sozial- und damit als angewandte Wissenschaft auf konkrete Bereiche der betrieblichen Praxis. Sie setzt es sich zum Ziel, Unternehmungen erfolgreicher zu gestalten. Eine wesentliche Aufgaben der Betriebswirtschaftslehre besteht deshalb in der Erforschung der unternehmerischen Gegebenheiten und der darin möglichen Handlungsvarianten. Um dieser Aufgabe nachzukommen, werden betriebswirtschaftliche Forschungsarbeiten erstellt.

Bevor der Betriebswirtschaftler jedoch mit einer Forschungsarbeit beginnen kann, muss er folgende Grundfragen klären (vgl. ▶ Abb. 6):

1. *Forschungsobjekt:* Was soll erforscht werden?
2. *Forschungsziel:* Warum soll das Forschungsobjekt erforscht werden?
3. *Forschungsmethode:* Wie soll das Forschungsobjekt erforscht werden?

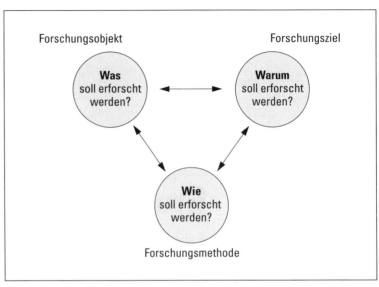

▲ Abb. 6   Drei Grundfragen der Forschung (Quelle: in Anlehnung an Atteslander 2000, S. 4)

3.1.1
Forschungsobjekt

Praktisa
Problem
aus
einem Interess
gen
Themenfeld

thema
Fragenstell

Forschung+

Die Probleme, mit denen sich die Betriebswirtschaftslehre befasst, stehen normalerweise in einem Anwendungszusammenhang. Um die Frage, was erforscht werden soll, zu klären, wählt der Betriebswirtschaftler ein praktisches betriebswirtschaftliches Problem aus seinem Interessengebiet. Er bestimmt damit eine wissenschaftliche Problemstellung. Die Problemstellung wird er schliesslich in einer Forschungsfrage präzisieren (vgl. Kapitel 6 «Von der Problemstellung zur Forschungsfrage»).

Die Problemstellung wird auch als *Forschungsobjekt* bezeichnet. Das Forschungsobjekt besteht aus

- dem Erfahrungsobjekt und
- dem Erkenntnisobjekt (vgl. ▶ Abb. 7).

Diese Trennung ermöglicht es, den Betrachtungsgegenstand der Forschung (das Erfahrungsobjekt) und den fokussierten Aspekt des Betrachtungsgegenstandes (das Erkenntnisobjekt) analytisch zu erfassen.

In der Betriebswirtschaftslehre ist das *Erfahrungsobjekt* meistens eine Unternehmung in ihrer Interaktion mit dem Umfeld, ein Teil derselben (Abteilung) oder ein Netzwerk von Unternehmungen. Das

Forschungsobjekt = Problemstellung

Erkenntnisobjekt = Forschungsfrage

Zu er-forschender Aspekt des For-schungsobjektes

(z.B. Ausweitung des Kundenservices von McDonald's)

Unternehmung oder Abteilung einer Unternehmung

(z.B. McDonald's)

Erfahrungsobjekt = Betrachtungsgegenstand der Forschung

▲ Abb. 7   Forschungsobjekt: Erfahrungs- und Erkenntnisobjekt
(Quelle: eigene Darstellung)

Erkenntnisobjekt beleuchtet wie ein Scheinwerfer denjenigen Aspekt des Erfahrungsobjektes, den man genau untersuchen will.

Beispiel 5
McDonald's

Ein Betriebswirtschaftler will wissen, ob es sich für die Firma McDonald's aus-zahlen würde, den Kundenservice mit der Einführung eines Heimlieferdienstes auszuweiten.

Das Erfahrungsobjekt ist die Unternehmung McDonald's. Das Erkenntnisob-jekt ist die Ausweitung des Kundenservices bei McDonald's durch die Einführung eines Heimlieferdienstes. Das Forschungsobjekt wäre demnach die Ausweitung des Kundenservices durch die Einführung eines Heimlieferdienstes am Beispiel der Unternehmung McDonald's.

Das praktische Problem aus dem Interessengebiet des Forschenden bezie-hungsweise die Problemstellung ist der Kundenservice von Unternehmungen.

Beispiel 6
Sunrise

Ein Betriebswirtschaftler interessiert sich in seiner wissenschaftlichen Arbeit für die gesundheitlichen Auswirkungen, welche die Mobilfunkantennen der Firma Sunrise auf die Bevölkerung haben.

Das Erfahrungsobjekt ist die Unternehmung Sunrise. Das Erkenntnisobjekt sind die gesundheitlichen Auswirkungen (z.B. Strahlung) der von Sunrise auf-gestellten Mobilfunkantennen. Das Forschungsobjekt wären folglich die gesundheitlichen Auswirkungen der aufgestellten Mobilfunkantennen am Beispiel der Unternehmung Sunrise.

Das praktische Problem aus dem Interessengebiet beziehungsweise die Problemstellung sind die Auswirkungen von Mobilfunkantennen.

3.1.2 Forschungsziel

Hat der Betriebswirtschaftler, der dabei ist, eine wissenschaftliche Forschungsarbeit zu beginnen, sein Forschungsobjekt, das heisst sowohl das Erfahrungs- als auch das Erkenntnisobjekt bestimmt, muss er seine Wahl begründen.

Gleichzeitig muss er das *Forschungsziel* der Arbeit festlegen (vgl. 6.5 «Forschungsfrage»). Damit zeigt der Forschende, welchen Erkenntnisgewinn für die Wissenschaft die Arbeit bringen soll.

Forschungsziele können folgendermassen formuliert werden:[1]

- «… einen Beitrag zum Verständnis von … zu leisten.»
- «… Kenntnisse über … zu vermehren.»
- «… Wissen über … zusammenzutragen.»
- «… einen Zusammenhang (zwischen zwei Phänomenen) zu untersuchen.»
- «… Theorien, Positionen etc. zu vergleichen.»

Beispiel 5 (Forts.) McDonald's

In seiner Untersuchung über McDonald's muss der Forschende also begründen, weshalb die Ausweitung des Kundenservices durch die Einführung eines Heimlieferdienstes für ihn ein interessantes Erkenntnisobjekt ist, und warum er speziell die Unternehmung McDonald's als Erfahrungsobjekt ausgewählt hat.

Der Forschende kann seine Wahl beispielsweise mit seiner Beobachtung begründen, dass verschiedene Fastfood-Restaurants einen Heimlieferdienst anbieten (z.B. Pizza Hut), nicht aber die Fastfood-Selbstbedienungs-Restaurants wie McDonald's. Der Forschende will nun untersuchen, weshalb McDonald's bis anhin über keinen Heimlieferdienst verfügt, beziehungsweise ob die Einführung eines Heimlieferdienstes zu einer weiteren Verbesserung des unternehmerischen Erfolges von McDonald's führen würde.

Die Schlussfolgerungen aus der Untersuchung über den Kundenservice von McDonald's können zu Beiträgen allgemeiner Erkenntnis ausgeweitet werden. Diese allgemeinen Schlussfolgerungen aus den Beiträgen sind das Forschungsziel der Arbeit. Das Forschungsziel ist damit unabhängig von der einzelnen Unternehmung. Vielmehr geht es darum, einen grundsätzlichen und allgemeinen Beitrag zum verbesserten Verständnis des Zusammenhanges von unternehmerischem Erfolg und erweitertem Kundenservice zu leisten. In weiteren empirischen Untersuchungen und Forschungsarbeiten könnten die

---

1   Vergleiche Kruse 2000, S. 210.

Beiträge zu allgemeinen Erkenntnissen wiederholt überprüft und die bisherigen Resultate gestärkt oder auch geschwächt beziehungsweise widerlegt werden.

3.1.3
Forschungsmethode

Nach der Bestimmung von Forschungsobjekt und Forschungsziel muss der Betriebswirtschaftler festlegen, wie er innerhalb seiner Forschung vorgehen will. Die Vorgehensweise wird auch als *Forschungsmethode* bezeichnet.

Mit der Forschungsmethode werden

- der theoretische Zugriff und
- die empirische Vorgehensweise, sofern die Arbeit über einen empirischen Teil verfügt,

gewählt. Sowohl die Festlegung auf den theoretischen Zugriff als auch der Entscheid betreffend der empirischen Vorgehensweise müssen begründet werden.

Die Forschungsmethode ist abhängig vom jeweiligen Basiskonzept (vgl. 1.3 «Zwei Basiskonzepte der Betriebswirtschaftslehre»), das der Forschende seiner Arbeit zugrunde legt. Das gewählte Basiskonzept bestimmt, wie der Forschende grundsätzlich das Wesen einer Unternehmung erfasst, das heisst, es bestimmt, ob er die Unternehmung als soziales System (sozialwissenschaftliches Basiskonzept) oder als Produzentin von Gütern und Dienstleistungen (ökonomisches Basiskonzept) versteht.

Betrachtet man das Forschungsobjekt aus einer sozialwissenschaftlichen Perspektive, interessiert beispielsweise, welche menschlichen Bedürfnisse noch nicht beziehungsweise unzureichend befriedigt sind und durch die Unternehmungen befriedigt werden könnten. Betrachtet man das Forschungsobjekt aus einer ökonomischen Perspektive, interessiert beispielsweise, welche Anreize das menschliche Handeln so verändern, dass die Unternehmungen erfolgreicher werden.

Innerhalb der beiden Basiskonzepte kann der Forschende zwischen vielen unterschiedlichen theoretischen Zugriffen wählen (vgl. ◄ Abb. 1). Der theoretische Zugriff wiederum beeinflusst die empirische Vorgehensweise.

Beispiel 5 (Forts.)
McDonald's

Richtet sich die Arbeit mit der Problemstellung beziehungsweise mit dem Forschungsobjekt «Ausweitung des Kundenservices durch die Einführung eines Heimlieferdienstes am Beispiel der Unternehmung McDonald's» nach dem sozialwissenschaftlichen Basiskonzept, bildet die Motivationstheorie aus der Psychologie einen möglichen theoretischen Zugriff. Um die Problemstellung beziehungsweise das Forschungsobjekt zu erforschen, werden dementsprechend die Gründe beziehungsweise die Motivation von Jugendlichen, in einem McDonald's-Restaurant zu essen, untersucht. Zeigt sich in der Forschungsarbeit, dass in den McDonald's-Restaurants neben der Nahrungsaufnahme noch zusätzliche Bedürfnisse – etwa durch den dort vermittelten Lebensstil oder durch die spezielle Atmosphäre – befriedigt werden, wäre zu überprüfen, wie diese Bedürfnisse auch beim Heimlieferdienst befriedigt werden können.

Richtet sich die Forschungsarbeit nach dem ökonomischen Basiskonzept, wäre die Anreiz-Beitrags-Theorie aus der Ökonomie ein möglicher theoretischer Zugriff. Um die Problemstellung beziehungsweise das Forschungsobjekt zu erforschen, werden dementsprechend Anreize gesucht, mit denen der Erfolg von McDonald's verbessert werden kann. Zeigt sich in der Forschungsarbeit, dass durch die Einführung eines Heimlieferdienstes neue Kunden gewonnen werden können und gleichzeitig die bisherigen Kunden ihr Essen vermehrt bei McDonald's beziehen, so wäre für McDonald's eine Erweiterung des Kundenservices dann sinnvoll, wenn sich durch den gesteigerten Umsatz der Erfolg (strategiebedingte Rente) verbessert.

3.2 Zusammenhang zwischen Theorie und Empirie

3.2.1 Theoretische und empirische Forschungsarbeiten

Betriebswirtschaftliche Arbeiten können sowohl rein theoretische Abhandlungen sein als auch Forschungsarbeiten, die neben einem theoretischen auch einen empirischen Teil beinhalten.

Als Erstes werden hier die Begriffe «Theorie» und «Empirie» näher erläutert.

Eine *Theorie* ist ein System logisch widerspruchsfreier Aussagen über ein bestimmtes Forschungsgebiet beziehungsweise über einen bestimmten Forschungsgegenstand. Bei einer Theorie handelt es sich primär um durch Denken gewonnene Erkenntnis.

Von *Empirie* wird gesprochen, wenn theoretisch formulierte Annahmen an der Realität überprüft werden. Die Überprüfung erfolgt mittels quantitativer oder qualitativer Erfassungsinstrumente wie Befragung, Beobachtung etc. (vgl. Kapitel 9 «Ausgewählte empirische Methoden»). Bei der Empirie handelt es sich demnach um durch Erfahrung gewonnenes Wissen.

Theoretische Forschungsarbeiten beruhen auf theoretischen Grundlagen und logisch aufeinander aufbauenden Erklärungen, den so genannten Plausibilitätsbegründungen.[1] In einer theoretischen

---

1 Diese Art von betriebswirtschaftlichen Forschungsarbeiten war insbesondere im deutschsprachigen Gebiet lange Jahre vorherrschend.

Grundlage = base; fundamento

Arbeit werden schwergewichtig der aktuelle Stand der theoretischen und empirischen Forschung analysiert und verschiedene Theorien, das heisst theoretische Elemente verschiedener theoretischer Zugriffe, Modelle und/oder Frameworks miteinander verglichen. Das Ziel ist es, entweder eine eigene Theorie zu erarbeiten oder bestehende Theorien weiterzuentwickeln.

In *empirischen Forschungsarbeiten* werden Theorien auf soziale oder unternehmerische Phänomene angewendet. Empirische Arbeiten basieren demnach ebenfalls auf einer theoretischen Grundlage, die Schlussfolgerungen sind aber durch Daten empirisch belegt.[1]

Die empirische Vorgehensweise wird massgeblich vom gewählten theoretischen Zugriff geprägt. Der jeweilige theoretische Zugriff (d.h. Elemente des theoretischen Zugriffs, Modelle und/oder Frameworks) beeinflusst die Art, wie soziale Wirklichkeit, die Basis der Empirie, vom Forschenden wahrgenommen wird und damit auch, auf welche Weise er sie erfassen wird. Die jeweilige Sichtweise des gewählten theoretischen Zugriffs beeinflusst damit nicht nur das Erkenntnisobjekt (vgl. 3.1.1 «Forschungsobjekt») und damit die Forschungsfrage, sondern auch die Art, wie dieses Erkenntnisobjekt vom Forschenden empirisch erfasst wird.

Beispiel 7
Theoretischer Zugriff aus dem sozialwissenschaftlichen Basiskonzept

Wenn die Motivationsstruktur der Mitarbeiter untersucht werden soll, kann der Betriebswirtschaftler einen theoretischen Zugriff aus dem sozialwissenschaftlichen Basiskonzept, zum Beispiel die Motivationstheorie, wählen. Indem der Forschende die Mitarbeiter einer Unternehmung befragt, etwa mittels narrativer Interviews (vgl. 9.1.3 «Stark strukturierte und wenig strukturierte Interviewsituation»), die den empirischen Teil der Arbeit bilden, kann er versuchen, die Motivation der Mitarbeiter zu verstehen, mit dem Ziel, sie so zu höheren Leistungen anzuregen.

Beispiel 8
Theoretischer Zugriff aus dem ökonomischen Basiskonzept

Um die Anreizstrukturen von Managern erfassen zu können, kann der Betriebswirtschaftler einen theoretischen Zugriff aus dem ökonomischen Basiskonzept, zum Beispiel den Prinzipal-Agenten-Ansatz, wählen. Damit sollen die effizientesten Anreizstrukturen erfasst und erklärt werden, um Manager im Sinne der Eigentümerinteressen beeinflussen zu können. In einem empirischen Teil kann der Forschende wesentliche Faktoren für eine effiziente Anreizstruktur empirisch überprüfen. Dies geschieht beispielsweise mittels einer breit angelegten, strukturierten Befragung von Verwaltungsratspräsidenten grosser Schweizer Unternehmungen, die das Verhältnis zwischen Eigentümern und Managern effizient ausgestaltet haben.

---

1 In den USA beinhalten die meisten Forschungsarbeiten in der Betriebswirtschaftslehre einen theoretischen und einen empirischen Teil.

3.2.2
Wissenschafts-
theoretische
Grundposition

Für die grundsätzlichen Fragen, wie eine Theorie gebildet, weiter-entwickelt, überprüft und angewendet werden soll, ist die Wissen-schaftstheorie – die Wissenschaft von der Wissenschaft[1] – zuständig. In der Wissenschaftstheorie der Sozialwissenschaften werden übli-cherweise zwei wesentliche Denkhaltungen unterschieden: die kau-sale und die finale Denkhaltung. Es handelt sich dabei um zwei wis-senschaftstheoretische Grundpositionen.

Je nachdem, ob der Betriebswirtschaftler im Rahmen seiner wis-senschaftlichen Forschungsarbeit bei der Theoriebildung eine *finale* oder eine *kausale* Denkhaltung verfolgt, wählt er unterschiedliche Instrumente der Theoriebildung und eine andere Art von Empirie be-ziehungsweise eine andere empirische Methode (vgl. Kapitel 9 «Ausgewählte empirische Methoden»). Die Wahl und (Weiter-)Ent-wicklung eines theoretischen Zugriffs hängt ebenfalls von der wis-senschaftstheoretischen Grundposition ab.

3.2.2.1
Kausale Denkhaltung

Die kausale Denkhaltung fokussiert die *Ursache-Wirkungs-Zusam-menhänge* (Wie-Fragen). Gemäss dieser Denkhaltung geht es in einer Wissenschaft darum, logische Zusammenhänge zu erklären. Zur Gewinnung theoretischer Erkenntnisse kommen sowohl die Modellbildung und -anwendung wie auch die Frameworkbildung und -anwendung in Frage. Verfolgt der Forschende eine kausale Denkhaltung, so wird er seine empirische Forschung entsprechend auf die Ursache-Wirkungs-Zusammenhänge ausrichten. Es wird ihm darum gehen, auf empirischen Erhebungen basierend, ein Problem zu erklären. Bei einer kausalen Denkhaltung nimmt der Forschende eine so genannte Beobachterperspektive ein.

Beispiel 9
Motivation von
Managern

Die hohe Entlöhnung von Managern wird von den Medien regelmässig aufge-griffen und diskutiert. Insbesondere wird häufig behauptet, dass Manager durch hohe monetäre Anreize motiviert werden können, sich deutlich stärker für die Ziele ihrer Unternehmung einzusetzen.

Verfolgt der Forschende bei seiner Untersuchung über Managerlöhne eine kausale Denkhaltung, so versucht er beispielsweise den Ursache-Wirkungs-Zusammenhang zwischen monetären Anreizen und der Motivation von Mana-gern zu erklären. Er interessiert sich also für die Einflussfaktoren der Motivation

---

1   Dieses Buch ist kein Buch der Wissenschaftstheorie, sondern eine Einführung in das wissenschaftliche Arbeiten. Für weitere Ausführungen zur Wissenschafts-theorie vergleiche beispielsweise Chalmers 1986; Felt et al. 1995; Konegen und Sondergeld 1985; Osterloh und Grand 1994; Raffée 1974; Seiffert 1992; Seiffert und Radnitzky 1989 sowie Steinmann und Scherer 1992.

von Managern. Seine Forschungsfrage könnte folgendermassen lauten: «Wie motivieren monetäre Anreize die Manager?»

Um diese Einflussfaktoren empirisch zu erfassen, kann er bei 100 Managern eine **strukturierte Befragung** mit geschlossenen Fragen (vgl. 9.1.3 «Stark strukturierte und wenig strukturierte Interviewsituation») durchführen. Die Manager erhalten einen Fragebogen, in dem mögliche Einflussfaktoren der Motivation aufgelistet sind. Sie können nun die für sie relevanten Einflussfaktoren ankreuzen. Die Auswertung der Fragebogen zeigt, ob monetäre Anreize tatsächlich – wie angenommen – die Motivation der Manager erhöhen oder ob allenfalls andere Faktoren eine viel grössere Rolle spielen.

3.2.2.2 Finale Denkhaltung

Die finale Denkhaltung untersucht verschiedene Sinngebungen. Sie befragt den *Sinn und Zweck* von einzelnen Vorgängen oder Tatsachen in Form von Wozu-Fragen. Alle Kulturen und damit alle Menschen verfügen über ein eigenes Wertesystem und betrachten die Dinge aus einem spezifischen Blickwinkel. Dies führt dazu, dass jeder Mensch die verschiedenen Vorgänge und Tatsachen unterschiedlich interpretiert. Gemäss der finalen Denkhaltung geht es in einer Wissenschaft darum, die unterschiedlichen Sinngebungen zu verstehen und zu interpretieren. Zur Gewinnung theoretischer Erkenntnisse kommt primär die Frameworkbildung und -anwendung in Frage (vgl. 3.4.2 «Framework»). Verfolgt der Forschende eine finale Denkhaltung, will er mit seiner empirischen Forschung Sinngebungen erfassen, indem er die Wozu-Frage stellt. Es geht demzufolge darum, ein Problem zu verstehen.

Um einen Vorgang oder eine Tatsache zu verstehen, muss sich der Forschende in die spezifische Situation hineindenken, um möglichst viele Facetten und Nuancen zu erkennen und – zu verstehen. Die alleinige Beobachtung des Forschungsobjekts, wie sie bei einer kausalen Denkhaltung praktiziert wird, kann hier kaum zu befriedigenden Antworten führen. Vielmehr nimmt der Forschende bei einer finalen Denkhaltung eine Teilnehmerperspektive ein.

Beispiel 9 (Forts.)
Motivation von Managern

Verfolgt der Forschende bei seiner Untersuchung über Managerlöhne eine finale Denkhaltung, versucht er beispielsweise zu verstehen, wozu Unternehmungen ihre Manager motivieren, beziehungsweise weshalb man davon ausgeht, dass motivierte Manager mehr leisten. Das Ziel des Forschenden ist es also, den Sinnzusammenhang zwischen Motivation und Leistung zu verstehen.

Eine mögliche Forschungsfrage im Sinne der finalen Denkhaltung wäre: «Wozu sind die Manager motiviert? Wie lässt sich ihre Motivation erfassen?»

Durch unstrukturierte Interviews mittels offener Fragen (vgl. 9.1.5 «Offene und geschlossene Fragen») mit Managern und Mitgliedern des Verwaltungsrates verschiedener Unternehmungen können Erkenntnisse über die Interessen und Ziele von Managern gewonnen werden sowie Erkenntnisse über die Gründe von Unternehmungen, ihren Managern monetäre Anreize zu setzen. Sehen die Unternehmungen den Sinn von motivierten Managern allein in deren Leistungssteigerung oder wollen sie damit auch die Zufriedenheit ihrer Mitarbeiter fördern?

Dabei ist zu berücksichtigen, dass sowohl die Manager als auch die Mitglieder des Verwaltungsrates von Unternehmungen wohl keine offensichtlichen Antworten auf die Sinnfrage geben werden. Allenfalls kann der Forschende aus den Interviews Rückschlüsse ziehen. Dies vor allem deshalb, weil die Antwort «zur Leistungssteigerung» gesellschaftlich nicht opportun ist.

3.3 Grundsätzliche Verfahren wissenschaftlicher Erkenntnisgewinnung

Es gibt grundsätzlich zwei Verfahrensweisen, zu wissenschaftlicher Erkenntnis zu gelangen. Während die *induktive* Forschung ihren Ausgangspunkt in der Empirie wählt, geht die *deduktive* Forschung von einer Theorie aus. Theorie und Empirie werden bei beiden wissenschaftlichen Verfahrensweisen unterschiedlich ins Verhältnis gesetzt (vgl. ▶ Abb. 8).

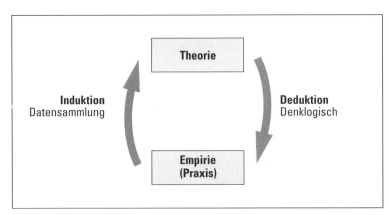

▲ Abb. 8   Vorgehensweisen der Forschung: Induktion und Deduktion
(Quelle: eigene Darstellung)

3.3.1   Beim induktiven Vorgehen beginnt man mit der Erfassung der Reali-
Induktion tät, indem man mittels empirischer Methoden Daten sammelt (vgl. Kapitel 9 «Ausgewählte empirische Methoden»). Aufgrund dieser

Daten werden Aussagen formuliert, von denen – mittels Abstrahierung – theoretische Erkenntnisse abgeleitet werden. Bei der Induktion wird also vom Besonderen auf das Allgemeine geschlossen. Die abgeleiteten Theorien machen letztlich die wissenschaftliche Erkenntnis aus.[1]

Beispiel 9 (Forts.)
Motivation von
Managern

Ausgangspunkt der induktiven Forschung bildet beispielsweise die in den Medien häufig aufgegriffene Behauptung, monetäre Anreize würden die Manager motivieren, sich stärker für die Ziele ihrer Unternehmung einzusetzen.

Anhand von Interviews (Empirie) lassen sich Erkenntnisse für diese praktische Problemstellung gewinnen. Aus den in den Interviews gesammelten Daten lassen sich zudem generelle Erkenntnisse bezüglich der Anreizforschung (Theorie) ableiten.

3.3.2
Deduktion

Beim deduktiven Vorgehen erfolgt der Prozess der Erkenntnisgewinnung umgekehrt, das heisst von der Theorie zur Empirie. Man wendet also das Allgemeine auf das Besondere an. Ausgangspunkt sind durch denklogisches Vorgehen gewonnene generelle wissenschaftliche Aussagen (Theorie), die in der Realität überprüft werden (Empirie).[2]

Beispiel 9 (Forts.)
Motivation von
Managern

Ausgangspunkt der deduktiven Forschung bildet beispielsweise die Motivationstheorie, die sich mit der Motivation von Managern befasst.

Aufgrund von motivationstheoretischen Erkenntnissen wird die These formuliert, dass Manager durch Leistungsboni dazu verleitet werden, nur noch ihre eigenen Interessen zu optimieren und damit die langfristigen Zielsetzungen der Unternehmungen zu vernachlässigen. Diese These beziehungsweise diese allgemeine Erkenntnis kann anhand von Fallstudien, etwa für die Chief Executive Officers (CEOs) der grössten Unternehmungen der Schweiz, überprüft werden. Sie wird empirisch entweder bestätigt oder widerlegt.

Das Verhältnis von Theorie und Empirie ist durch eine wechselseitige Abhängigkeit geprägt. «Je besser die theoretischen Kenntnisse, um so brauchbarer wird das deskriptive Schema, das die Erhebung lenkt. Je besser wiederum das deskriptive Schema, um so theoretisch relevanter werden die erhobenen Daten und um so besser sind die Voraussetzungen für die Fortentwicklung der Theorie.»[3]

---

1   Vergleiche Eichhorn 1979, S. 76–78.
2   Vergleiche Eichhorn 1979, S. 81–82.
3   Kromrey 2000, S. 52.

3.4   Instrumente theoretischer Erkenntnisgewinnung

Die Art der Gewinnung und Entwicklung theoretischer Erkenntnisse unterscheidet sich in den einzelnen wissenschaftlichen Disziplinen stark. Grundsätzliche Unterschiede können aber auch innerhalb einer Disziplin bestehen wie in den Wirtschaftswissenschaften zwischen der ökonomischen Theorie und der Betriebswirtschaftslehre. So arbeitet die ökonomische Theorie primär mit *Modellen,* die Betriebswirtschaftslehre häufig mit *Frameworks* (Denkrahmen).

Trotz dieser grundsätzlichen Unterschiede zwischen Ökonomen und Betriebswirtschaftlern gibt es natürlich auch in der Ökonomie Forschende, die mit Frameworks arbeiten, genauso wie es in der Betriebswirtschaftslehre Forschende gibt, die Modelle entwickeln.

Nachfolgend werden das Modell und das Framework vorgestellt. Beide leisten dem Betriebswirtschaftler bei der Erstellung einer wissenschaftlichen Arbeit wichtige Dienste.

3.4.1
Modell

Modelle stellen die Realität unter bestimmten Annahmen und auf wenige Hauptzusammenhänge abstrahiert dar, um stringente Aussagen über logische Zusammenhänge machen zu können.[1]

Die Problemstellungen, die mit Hilfe eines Modells gelöst werden sollen, entstehen in der Regel in der Wissenschaft selbst und nicht im Anwendungszusammenhang (Praxis). Sie sind meist auf eine wissenschaftliche Disziplin beschränkt.

Beispiel 10
Modell von Angebot
und Nachfrage

Ein bekanntes und einfaches Grundmodell der ökonomischen Theorie ist das Modell von Angebot und Nachfrage. Jeden Ort, an dem Angebot und Nachfrage aufeinander treffen, bezeichnet man als Markt. Im Wirtschaftssystem der Marktwirtschaft übernimmt der Markt die Funktion der Preisbildung beim Tausch von Sachgütern (z.B. Zucker) und Dienstleistungen (z.B. Haarschnitt) gegen Geld. Damit der Markt wirklich funktionieren kann, muss Konkurrenz herrschen.[2] Sowohl die Nachfrage wie auch das Angebot können in einem Preis-Mengen-Diagramm dargestellt werden (vgl. ▶ Abb. 9).

Der Markt- oder Gleichgewichtspreis stellt sich dort ein, wo sich die Angebots- und Nachfragekurve schneiden, das heisst, wo sich Angebot und Nachfrage entsprechen. Steigen die Preise, wird die angebotene Menge grösser, die

---

1   Vergleiche Eichhorn 1979, S. 60–104.
2   Viele Anbieter des gleichen Sachgutes oder der gleichen Dienstleistung treffen sich auf dem Markt und stehen dort in einem Konkurrenzverhältnis. Zugleich fragen viele Konsumenten diese Sachgüter oder Dienstleistungen nach, um ihre Bedürfnisse zu befriedigen.

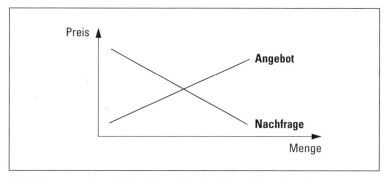

▲ Abb. 9   Modell von Angebot und Nachfrage (Quelle: eigene Darstellung)

nachgefragte Menge aber sinkt. Sinken die Preise, wird die nachgefragte Menge grösser, die angebotene Menge aber sinkt. Dieses einfache ökonomische Modell erlaubt klare Aussagen darüber, zu welchem Preis welche Menge eines Sachgutes oder einer Dienstleistung getauscht wird.

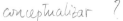

conceptualizar ?

3.4.2
Framework
Frameworks sind theoriegestützte Konzeptionalisierungen. Sie verbinden Erkenntnisse aus Theorie und Praxis. Ein Framework ist insofern theoriegestützt, als es auf Elementen eines oder mehrerer theoretischer Zugriffe (vgl. 1.3 «Zwei Basiskonzepte der Betriebswirtschaftslehre») aufbaut. Darüber hinaus werden diese Elemente mit Erkenntnissen aus der Empirie respektive der Praxis (Anwendungszusammenhang) verbunden.

Problemstellungen, die mit Hilfe eines Frameworks gelöst werden sollen, ergeben sich mehrheitlich aus der Praxis und sind daher meistens komplex und multidisziplinär.

Grundsätzlich können auch bestehende Frameworks zur Lösung einer Problemstellung herangezogen werden. Es ist möglich, dass diese bestehenden Frameworks im Verlaufe des Arbeitsprozesses erweitert beziehungsweise weiterentwickelt oder kombiniert werden.

Wie bereits erwähnt, ist die Betriebswirtschaftslehre bestrebt, Aussagesysteme für die Praxis zu entwickeln, um Empfehlungen für das praktische Handeln abgeben zu können. Die Betriebswirtschaftslehre hat dabei insofern einen integrativen Charakter, als sie meistens versucht, die Vielfalt der Interdependenzen und Vernetzungen einer Problemstellung möglichst umfassend in ihren Frameworks zu erfassen. Dazu werden oft verschiedene wissenschaftliche Disziplinen und verschiedene theoretische Zugriffe berücksichtigt. Das Ergebnis davon ist ein hoher Komplexitätsgrad. Deshalb wird in der Betriebswirtschaftslehre vor allem mit Frameworks gearbeitet und nicht mit Modellen wie in der Ökonomie, wo sich die Zusammenhänge leichter abstrahieren lassen.

Frameworks haben das Ziel, neue Wirklichkeiten zu entwerfen. Diese Gestaltung der Realität geschieht, indem Frameworks verschiedene Handlungsvarianten aufzeigen und Empfehlungen für das praktische Handeln abgeben. Allerdings sind die konkreten Folgen dieser Gestaltungsempfehlungen nie vollständig absehbar. Frameworks sind dadurch von offenem Charakter. Das unterscheidet ein Framework von einem Modell, bei dem die Konsequenzen grundsätzlich klar vorhersehbar sind, falls die zu Anfang gebildeten Annahmen zutreffen.

Beispiel 11
Framework von Porter

Das Buch «Wettbewerbsstrategien» von Porter (1987) beinhaltet mehrere betriebswirtschaftliche Frameworks. Porter hat, basierend auf den Grundvorstellungen der Industrieökonomie, einen Ansatz (Structure-Conduct-Performance-Paradigma) erarbeitet, der zeigt, wie Unternehmungen vorgehen sollen, um einen möglichst grossen langfristigen Erfolg zu erzielen. Der Ansatz von Porter besagt, dass der Erfolg einer Unternehmung von zwei grundlegenden Entscheidungen abhängt: Zum einen muss sich eine Unternehmung entscheiden, in welche Branche (z.B. Telekommunikation, Pharmazie) sie einsteigt und zum anderen muss sie sich innerhalb der gewählten Branche für eine Unternehmungsstrategie (Kostenführerschaft, Differenzierung, Nischenpolitik) entscheiden. Als Hilfsmittel für die beiden Entscheidungen der Unternehmungen entwickelte Porter unter anderem zwei Frameworks, das Framework der Branchenstrukturanalyse sowie das Framework der Unternehmungsstrategie. In diesem Beispiel konzentrieren wir uns auf das zweite.

Einfache ökonomische Modelle kommen zur Aussage, dass bei Konkurrenz langfristig die Gewinne der Unternehmungen wegerodiert werden, bis die Kosten den Erlösen entsprechen. Die Realität zeigt aber, dass es sehr wohl Unternehmungen gibt, die trotz Konkurrenz langfristig Gewinne erzielen. Porter hat nun ein Framework entwickelt, um die beobachtete Diskrepanz zwischen dem ökonomischen Modell und der Praxis zu erklären.

Gemäss seinem Framework der Unternehmungsstrategie gelingt es den erfolgreichen Unternehmungen, sich durch die Wahl ihrer Unternehmungsstrategie innerhalb einer Branche so zu positionieren, dass sie über eine Quasi-Monopolstellung verfügen.[1] Dadurch können sich die Unternehmungen langfristig Gewinne sichern.

---

1   Im Wirtschaftssystem der freien Marktwirtschaft herrscht per Definition auf allen Märkten Wettbewerb zwischen den verschiedenen Teilnehmern. Dennoch gelingt es einzelnen Unternehmungen, sich so gut im Markt zu positionieren, dass – zumindest für einen kurzen Zeitraum – kein Konkurrent das gleiche Gut oder die gleiche Dienstleistung zu gleichen oder gar besseren Bedingungen anbieten kann. Diese Unternehmungen verfügen somit, wenn auch nur kurzfristig, über eine Monopolstellung beziehungsweise ein Quasi-Monopol.

Wie diese einmalige Position einer Unternehmung im Markt aussieht, lässt sich nicht aus einem geschlossenen Modell ableiten. Vielmehr werden theoretische Erkenntnisse (hier aus der ökonomischen Theorie) und empirische Erfahrungen in einer logischen Argumentationskette zu einem Framework verbunden. Die dabei sichtbar werdende begrenzte Rationalität der Manager erklärt, warum es immer Unternehmungen gibt, denen diese einmalige Positionierung im Markt nicht gelingt, obwohl sie in der gleichen Branche und unter ähnlichen Bedingungen operieren wie die erfolgreichen Unternehmungen.

Ein Framework ist ein wissenschaftliches Arbeitsinstrument, das hilft, Problemstellungen zu artikulieren und die bestehende Komplexität strukturiert anzugehen. Ein Framework hat drei Funktionen:

1. ein Framework dient der Analyse,
2. ein Framework erlaubt Kritik und
3. ein Framework dient der Gestaltung.

Die drei Funktionen sind voneinander unabhängig und müssen nicht zwingend in jedem Framework vorhanden sein. Anhand des Frameworks der Unternehmungsstrategie von Porter (1987) lassen sich diese drei Funktionen erläutern.

3.4.2.1
Analysefähigkeit

Ein Framework dient der Analyse. Fragen wie «Worauf soll ich schauen?» oder «Was soll ich beschreiben?» helfen, eine Problemstellung zu analysieren.

Beispiel 11 (Forts.)
Framework von Porter

Das Framework der Unternehmungsstrategie von Porter bietet einer Unternehmung verschiedene Strategietypen beziehungsweise Normstrategien (Kostenführerschaft, Differenzierung, Nischenpolitik) an, mit deren Hilfe sich die Unternehmung erfolgreich im Markt positionieren kann, indem sie eine Quasi-Monopolstellung erreicht.

Um zu bestimmen, ob und welche Normstrategie eine Unternehmung verfolgt, wird die Marktposition einer Unternehmung beschrieben, indem die verschiedenen Merkmale des Angebots dieser Unternehmung herausgearbeitet werden. Dabei helfen Fragen wie: Welche Produkte werden angeboten? Wie werden die Produkte angeboten (Logistik)? Welchen Stellenwert wird den Kosten beigemessen?

Beispiel 12
Hennes & Mauritz

Das Framework der Unternehmungsstrategie von Porter lässt sich am Beispiel Hennes & Mauritz (H&M) illustrieren:

Die Geschäftsidee der Unternehmung H&M lautet «Mode und Qualität zum besten Preis», was heisst, dass H&M bei einem bestimmten Qualitätsniveau möglichst tiefe Preise anstrebt. Somit hat sich H&M für die Strategie der Kostenführerschaft entschieden. Damit die Unternehmung modische Kleider preisgüns-

tiger als die meisten Konkurrenten anbieten kann, müssen die Kosten tief ge-
halten werden. Dies will H&M unter anderem mit den folgenden Massnahmen
erreichen: wenige Zwischenhändler, Einkauf grosser Volumen, effektives Distri-
butionssystem und Kostenbewusstsein in allen Schritten des Leistungserstellungsprozesses.[1]

**3.4.2.2
Kritikfähigkeit**

Ein Framework erlaubt Kritik. Fragen wie «Welche Bedeutung hat
das, was ich beschreibe?» helfen, Problemstellungen kritisch zu hinterfragen und zu bewerten.

**Beispiel 11 (Forts.)
Framework von Porter**

Das Framework der Unternehmungsstrategie von Porter ermöglicht in zweierlei
Hinsicht die Ausübung von Kritik: Einerseits kann anhand des Frameworks unter-
sucht werden, ob Unternehmungen die einmal gewählte Normstrategie kon-
sequent verfolgen. Damit wird die Unternehmung beurteilt und kritisiert.
Andererseits kann untersucht werden, ob Unternehmungen, die eine der drei
Normstrategien verfolgen, auch tatsächlich erfolgreicher sind. Damit wird das
Framework von Porter selbst kritisch gewürdigt.

**Beispiel 12 (Forts.)
Hennes & Mauritz**

Das Framework der Unternehmungsstrategie von Porter lässt folgende kritische
Folgerungen zu: H&M hat sich für die Strategie der Kostenführerschaft entschieden. Diese Strategie verfolgt H&M relativ konsequent. Zudem kann untersucht
werden, ob H&M aufgrund der gewählten Strategie erfolgreicher ist als die Konkurrenz. Statistiken zeigen, dass H&M im Moment äusserst erfolgreich im Markt
operiert.

**3.4.2.3
Gestaltungsfähigkeit**

Ein Framework dient der Gestaltung. Fragen wie «Was könnte ich
verändern, um die Situation zu verbessern?» helfen, konkrete Gestaltungsempfehlungen zu formulieren.

**Beispiel 11 (Forts.)
Framework von Porter**

Je nachdem, in welchem Zustand sich die Branche («zersplitterte» Branche,
«junge» Branche, «reife» Branche, «schrumpfende» Branche, «weltweite» Branche) befindet, in der eine Unternehmung tätig ist, gibt Porter unterschiedliche
Gestaltungsempfehlungen bezüglich der Wettbewerbsstrategie dieser Unternehmung. So rät er entweder zur Kostenführerschaft, zur Differenzierung oder
zur Nischenpolitik. Gleichzeitig zeigt er verschiedene Massnahmen auf, die eine
Unternehmung ergreifen muss, um eine dieser Strategien zu verfolgen.

**Beispiel 12 (Forts.)
Hennes & Mauritz**

H&M ist in der Kleiderbranche tätig. Diese Branche gilt als «reif». In reifen Branchen ist die angemessene Strategie – so Porter – die Kostenführerschaft. Da
H&M bereits diese Strategie verfolgt, lautet die Gestaltungsempfehlung bei-

---

1   Vergleiche Hennes & Mauritz 2001.

spielsweise wie folgt: Die eingeschlagene Strategie ist richtig, allenfalls können weitere Anstrengungen unternommen werden, um die Kosten weiter zu senken, um auch weiterhin konkurrenzfähig zu bleiben.

Das Framework der Unternehmungsstrategie von Porter basiert zwar auf den abstrakten Erkenntnissen eines ökonomischen Modells, doch hat Porter dieses Modell für reale Anwendungszusammenhänge mit ihren vielfältigen Handlungsdimensionen ausdifferenziert und zu einem Framework erweitert. Das Ziel von Porter ist es, den Unternehmungen Handlungs- und Gestaltungsempfehlungen zu geben, wie sie erfolgreicher im Wettbewerb agieren und bestehen können. Die drei Funktionen des Frameworks zeigen auf, auf welchen Ebenen ein Framework helfen kann, Realitäten und Problemstellungen von Unternehmungen strukturiert anzugehen, mit dem Ziel, Lösungsvorschläge zu generieren.

3.5   Empirische Erkenntnisgewinnung

Zentrale Probleme der empirischen Forschung sind die Datenerhebung, -auswertung und -interpretation. Bei der Datenerhebung unterscheidet man zwischen:

- Primärerhebungen und
- Sekundärerhebungen.

3.5.1
Primärerhebungen

Eine Primärerhebung liegt vor, wenn der Forschende eigene Anstrengungen unternimmt, um neue Daten zu gewinnen. Als neue Daten gelten sowohl zusätzliche, bisher noch nicht bekannte Informationen als auch bereits bekannte, aber neu erhobene Daten.
    Zu den Primärerhebungen zählen:

- Befragungen (vgl. 9.1 «Befragung»),
- (Einzel-)Fallstudien (vgl. 9.2 «Fallstudie»),
- Beobachtungen oder
- Tests (Experimente).[1]

---

1   Vergleiche Atteslander 2000, S. 13.

**3.5.2
Sekundär-
erhebungen**

Von einer Sekundärerhebung spricht man, wenn vorhandenes Daten-material anderer Institutionen beziehungsweise von anderen For-schern zusammengetragen wird, um daraus die für die eigene Forschung notwendigen Informationen herauszukristallisieren und auszuwerten.

Kapitel 4

Vermittlung
wissenschaftlicher Erkenntnis

Dem Betriebswirtschaftler stehen verschiedene Arten von wissenschaftlichen Aussagen zur Verfügung, in welchen er seine Forschungsarbeit abfassen kann:

- deskriptive Aussagen,
- explikative Aussagen,
- präskriptive Aussagen und
- normative Aussagen.

Welche Aussageart der Forschende wählt, hängt vom **theoretischen Zugriff** (vgl. 1.3 «Zwei Basiskonzepte der Betriebswirtschaftslehre»), **der empirischen Methode** (vgl. Kapitel 9 «Ausgewählte empirische Methoden») sowie der Tatsache ab, ob die empirische Untersuchung eine qualitative oder quantitative Auswertung[1] erlaubt.

Aussageart hang davon ab:
– theoretische Zugriff ⟨ menschenbezogene / ökonomisch
– der empirischen Methode
– hat die empirische Untersuchun ⟨ qualitative / quantitative auswertg

---

1 Vergleiche dazu Fussnote 1 auf Seite 79.

4.1 Deskriptive Aussagen

Deskriptive Aussagen sind beschreibende Aussagen. Sie basieren vor allem auf Beobachtungen im Anwendungszusammenhang. Das heisst, sie beschreiben einen bestimmten Ausschnitt unserer Realität, um diesen möglichst genau abzubilden. Wichtig ist, dass deskriptive Aussagen wertfrei sind.

Beispiel 13
Deskriptive Aussage

«Die Zahl der Unternehmungsverbindungen hat in den letzten Jahren stark zugenommen.» Diese Aussage ist insofern deskriptiv, als sie die Entwicklung der Anzahl von Unternehmungsverbindungen lediglich beschreibt, ohne eine Wertung einfliessen zu lassen.

4.2 Explikative Aussagen

Explikative Aussagen sind erklärende Aussage. Sie beinhalten eine theoriegeleitete Aussage über einen realen Sachverhalt. Anhand eines theoretischen Konzepts wird versucht, einen beobachteten Ausschnitt aus der Realität zu erklären.

Beispiel 14
Explikative Aussage

«Der Produzent passt seine Angebotsmenge dem Marktpreis an, weil er so seinen Nutzen beziehungsweise seinen Gewinn maximiert.» Diese Aussage über einen realen Sachverhalt ist insofern theoriegeleitet, als sie sich auf das ökonomische Modell von Angebot und Nachfrage stützt.

4.3 Präskriptive Aussagen

Präskriptive Aussagen beinhalten eine Handlungsempfehlung. Man beobachtet einen bestimmten Ausschnitt der Realität oder untersucht einen Sachverhalt theoretisch und leitet daraus eine (mehrere) Gestaltungsempfehlung(en) ab.

Beispiel 15
Präskriptive Aussage

«Unternehmungen sollen sich frühzeitig für einen bestimmten Lieferanten entscheiden, damit sie in Engpass-Situationen bevorzugt beliefert werden.» Diese Aussage ist insofern präskriptiv, als sie den Unternehmungen die Gestaltungsempfehlung gibt, sich frühzeitig für einen bestimmten Lieferanten zu entscheiden.

ansiedeln = sich ——— = asentarse; establecerse
Ansiedlung = colonia, establecimiento; asentamiento

4.4 Normative Aussagen

Normative Aussagen[1] sind wertende Aussagen. Jeder Mensch – auch der Forschende – hat eigene Wertvorstellungen, die sowohl sein Verhalten als auch seine wissenschaftlichen Aussagen prägen.

Die Wertungen normativer Aussagen können im wissenschaftlichen Diskurs auf drei Ebenen angesiedelt sein:

- Wertungen im Basisbereich,
- Wertungen im Objektbereich,
- Wertungen im Aussagebereich.

4.4.1
Wertungen im
Basisbereich

Jeder Forschende muss, bevor er mit seiner wissenschaftlichen Arbeit beginnt, ein Forschungsobjekt (Erfahrungs- und Erkenntnisobjekt; vgl. 3.1.1 «Forschungsobjekt») und eine Forschungsmethode (theoretischer Zugriff und empirische Vorgehensweise; vgl. 3.1.3 «Forschungsmethode») festlegen. Mit der Wahl des Forschungsobjektes bestimmt der Forschende, welche Problemstellung er behandeln will. Damit bewertet er den bisherigen Stand der Forschung. Indem er sich für ein Forschungsobjekt entscheidet, zeigt der Forschende auf, welche Problemstellung für ihn wichtig ist und seiner Meinung nach weiter erforscht werden soll, um zu neuen oder vertieften Erkenntnissen zu gelangen.

In einer anwendungsorientierten Wissenschaft wie der Betriebswirtschaftslehre geht es zudem um die Erweiterung des praxisbezogenen Wissens. Durch die Wahl der Forschungsmethode nimmt der Forschende ebenfalls eine Wertung im Basisbereich vor. Denn damit entscheidet sich der Forschende sowohl für einen bestimmten theoretischen Zugriff als auch für eine bestimmte empirische Vorgehensweise.

Wertungen im Basisbereich sind unproblematisch, sofern die Entscheide über das Forschungsobjekt und die Forschungsmethode offen dargelegt werden.

Beispiel 16
Normative Aussage

«Ich habe mich entschlossen, in meiner Arbeit die Ziele von Unternehmungen zu untersuchen.»

---

1 Vergleiche Bänsch 1999, S. 30ff.

4.4.2
Wertungen im
Objektbereich

Werturteile an sich können auch selbst Betrachtungsgegenstand der Forschung sein. Das heisst, Wertvorstellungen sind das Forschungsobjekt. Der Forschende will in diesem Falle Werte beschreiben und erklären oder deren Weiterentwicklung prognostizieren. Da in diesem Fall Wertungen «nur» Forschungsobjekt sind, gelten sie als unproblematisch.

Beispiel 16 (Forts.)
Normative Aussage

Im Rahmen der Zielforschung befasst sich der Forschende mit der Forschungsfrage, welche Ziele einer Unternehmung einen langfristigen (Überlebens-)Erfolg garantieren. Bei der Festlegung der Unternehmungsziele spielen die Wertvorstellungen der Manager eine bedeutende Rolle: Verfolgen die Manager primär die Interessen der Eigentümer (Shareholder Value) oder werden zudem die Interessen der verschiedenen Anspruchsgruppen wie Mitarbeiter und Kunden (Stakeholder Value) in der Zielbildung berücksichtigt? Je nachdem sind die Unternehmungsziele andere.

4.4.3
Wertungen im
Aussagebereich

Bei Wertungen im Aussagebereich werden Erkenntnisse kommentiert. Die Aussagen beinhalten Werturteile wie beispielsweise gut/schlecht oder wünschenswert/nicht wünschenswert. Normen und Verhaltenskodizes bestehen typischerweise aus normativen Wertungen im Aussagebereich.

Wertungen im Aussagebereich sind im Gegensatz zu den Wertungen im Basis- und Objektbereich nicht unproblematisch. Damit eine Forschungsarbeit den wissenschaftlichen Kriterien genügt, müssen Wertungen im Aussagebereich entweder vermieden oder offen gelegt werden.

Beispiel 16 (Forts.)
Normative Aussage

Im Rahmen eines Forschungsprojektes wurden Verhaltenskodizes für den Umgang von Unternehmungen mit ihren Anspruchsgruppen (Stakeholdern) wie Mitarbeiter und Kunden erarbeitet: «Manager sollten die Interessen aller legitimen Stakeholder anerkennen und aktiv verfolgen. Dabei sollten sie deren Interessen angemessen bei der unternehmerischen Entscheidungsfindung mit einbeziehen.»[1]

Normative Aussagen werden von Forschern, die eine kausale Denkhaltung verfolgen, oft als wissenschaftlich nicht zulässig empfunden. Vertreter einer kausalen Denkhaltung konzentrieren sich auf Ursache-Wirkungs-Zusammenhänge. Sie versuchen, einen Vorgang oder eine Tatsache vollkommen wertneutral zu erklären.

---

1 Übersetzt aus dem Englischen, vergleiche The Clarkson Center for Business Ethics 1999.

zulässig = admissible; autorizado; licito

Vertreter einer finalen Denkhaltung benutzen demgegenüber bewusst auch normative Aussagen. Forscher, die eine finale Denkhaltung verfolgen, suchen nach dem Sinn und dem Zweck eines Vorganges oder einer Tatsache. Sie wollen verstehen und beziehen dabei die Wertvorstellungen der Handelnden in ihre Argumentation mit ein.

4.5   Thesen und Gestaltungsempfehlungen

Wissenschaftliche Aussagen lassen sich unter anderem unterteilen in:

- Thesen und
- Gestaltungsempfehlungen.

Thesen und Gestaltungsempfehlungen dienen grundsätzlich zwei unterschiedlichen Zwecken.

**4.5.1
Thesen**

Eine These ist eine Aussage von formalem Charakter. Thesen werden in der Regel qualitativ überprüft. Die Art der empirischen Überprüfung hängt vom theoretischen Zugriff ab (vgl. 3.2.1 «Theoretische und empirische Forschungsarbeiten»).

Deskriptive, explikative, präskriptive und normative Aussagen können in Form einer These formuliert werden. Ebenso lassen sich die Kernaussagen einer wissenschaftlichen Arbeit als Thesen formulieren. In Form von Thesen werden die wichtigen Aussagen eines Textes gegenüber den übrigen hervorgehoben.

**Beispiel 17
These**

«Grosse Unternehmungen sind oft träge in ihrer organisatorischen Ausgestaltung.» Diese These kann überprüft werden durch vergleichende Fallstudien grosser Unternehmungen.

**4.5.2
Gestaltungs-
empfehlungen**

Eine Gestaltungsempfehlung ist eine Aussage, die eine Handlungsempfehlung beinhaltet oder Handlungsvarianten aufzeigt. Sie basieren häufig auf empirischen Erhebungen. Präskriptive Aussagen sind meistens Gestaltungsempfehlungen.

Beispiel 18
Gestaltungs-
empfehlung
Aufgrund einer empirischen Erhebung über die Flexibilität von Unternehmungen kam der Forschende zum Schluss: «Manager sollten die einzelnen organisatorischen Einheiten klein halten, damit die Organisation flexibel bleibt.»

Teil II

Erstellung einer wissenschaftlichen Arbeit

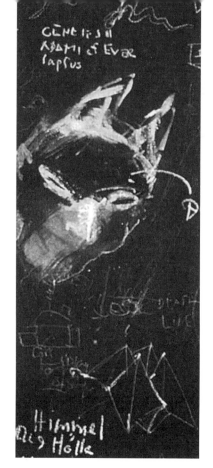

GENESIS II
ADAM & EVER
lapsus

Himmel
und Hölle

Kapitel 5
Literatur

Jede Forschungsarbeit beginnt damit, dass die zum Thema relevante Literatur gesucht und gesichtet wird. In den folgenden Unterkapiteln werden zuerst die in einer Forschungsarbeit am häufigsten gebrauchten Publikationsarten sowie die Bibliothekensysteme der Schweiz, von Deutschland und von Österreich vorgestellt. Anschliessend wird auf mögliche Vorgehensweisen bei der Literatursuche und Literaturbeschaffung eingegangen.[1]

5.1 Medien und Informationsquellen

Bei der Literatursuche kann man nicht ziellos durch die Bibliotheken wandern, in der Hoffnung, *das* Buch oder *den* Artikel zu finden. Vielmehr gilt es, sich innerhalb einer vernünftigen Zeitlimite, die notwendige Literatur zu beschaffen. Deshalb sollte man sich die Vorgehensweise genau überlegen und den Arbeitsablauf entsprechend strukturieren.

---

1 Vergleiche dazu Haefner 2000, S. 93 ff.; Jele 1999, S. 32 ff.; Kruse 2000, S. 212 ff.; Theisen 1998, S. 67 ff.

Für das Schreiben einer wissenschaftlichen Arbeit stehen verschiedene Medien und Informationsquellen zur Verfügung. Die wichtigsten werden hier kurz vorgestellt.

5.1.1
Nachschlagewerke/
Fachhandwörter-
bücher

In Nachschlagewerken und Fachhandwörterbüchern findet man kurze Zusammenfassungen eines Begriffes oder Themas sowie weiterführende Literatur. Nachschlagewerke und Fachhandwörterbücher sind deshalb ideal, sich in einem ersten Schritt einen Überblick über ein Themengebiet zu verschaffen (Einstiegsliteratur). Der Nachteil von Nachschlagewerken und Fachhandwörterbüchern liegt darin, dass sie in der Vorbereitung und Produktion sehr zeitaufwendig sind und deshalb nicht laufend aktualisiert werden können. Bei ihrer Konsultation besteht folglich die Gefahr, dass ein Teil des Wissens bereits veraltet ist.

Nachschlagewerke/
Fachhandwörter-
bücher

Wirtschaftswissenschaften:

Albers, W. u. a. (Hrsg.): Handwörterbuch der Wirtschaftswissenschaft, 10 Bände. Stuttgart 1988.

Dichtl, E., Issing, O. (Hrsg.): Vahlens Grosses Wirtschaftslexikon, 2 Bände. 2. Auflage, München 1994.

Betriebswirtschaftslehre:

Baetge J. u. a. (Hrsg.): Vahlens Kompendium der Betriebswirtschaftslehre, 2 Bände. 3. Auflage, München 1993.

Wittmann, W. u. a. (Hrsg.): Handwörterbuch der Betriebswirtschaft, 3 Bände. 5., neu gestaltete Auflage, Stuttgart 1993.

5.1.2
Bibliographien

Eine Bibliographie ist «[e]in nach bestimmten Gesichtspunkten geordnetes Verzeichnis von Schriften, unabhängig von ihrem Vorhandensein in einer Bibliothek»[1]. Eine Bibliographie hat somit den primären Zweck, erschienene Schriften anzuzeigen (ohne konkrete Standortangabe). Einzelne Bibliographien informieren zudem in knapper Form (so genannten Abstracts) über den Inhalt der verzeichneten Schriften.

Es gibt verschiedene Arten von Bibliographien, je nachdem, welche Schriften in die Bibliographie aufgenommen werden: Nach dem

---

1   Kernchen 1984, S. 2.

Inhalt unterscheidet man zwischen Allgemein- und Fachbibliographien. Allgemeine Bibliographien sind beispielsweise Nationalbibliographien, die alle Werke eines Landes umfassen, oder Zeitschriftenverzeichnisse. Fachbibliographien umfassen Werke, die inhaltlich zusammengehören, das heisst, sie ordnen die einzelnen Schriften nach Sachgebieten. Es gibt beispielsweise juristische oder medizinische Bibliographien.

Die meisten Bibliographien sind alphabetisch geordnet nach Titeln oder Verfassern. Es gibt aber auch Bibliographien, welche die Werke chronologisch auflisten.

5.1.3 Bibliothekskataloge

Bibliothekskataloge sind Verzeichnisse des Bestandes einer Bibliothek. Sie enthalten alle in einer Bibliothek erfassten Bücher, Zeitschriften etc. Via Bibliothekskatalog erhält man eine Übersicht über die in den Bibliotheken vorhandenen Werke. Bibliothekskataloge dienen damit der Literaturübersicht und geben die Standorte der entsprechenden Literatur an. In diesem Sinne sind sie eine andere Art von Medium als Bücher und Zeitschriften. Sie helfen uns vielmehr, diese zu finden.

Es gibt zwei Arten von Bibliothekskatalogen: Zettel- oder Handkataloge und elektronische Kataloge, wobei mittlerweile alle Bibliotheken mit Letzteren arbeiten. Allerdings sind die älteren Bestände immer noch zu einem Grossteil in Zettelkatalogen erfasst. Die Zettelkataloge sind entweder nach Autoren (Autorenkataloge) oder nach Sachgebieten (Sachkataloge) geordnet. Die Möglichkeiten der Literatursuche in Zettelkatalogen sind also beschränkt auf Autoren und Schlagworte. Die elektronischen Kataloge bieten mehr Möglichkeiten. In elektronischen Katalogen können sich die Suchbegriffe auf Autor, Titel, Jahr, Verlagsort, Verlag oder einen Sachbegriff (Schlag- oder Stichwort[1]) beziehen.

Via Bibliothekskataloge lassen sich nur Bücher und Zeitschriftenreihen suchen. Für die Literatursuche einzelner Zeitschriftenartikel benötigt man spezielle Online-Datenbanken. In diesen Datenbanken kann man wirtschaftswissenschaftliche Zeitschriftenartikel gezielt (Autor, Titel, Erscheinungsjahr etc.) suchen.

---

1 Ein Schlagwort ist ein Wort, das den Inhalt einer Publikation möglichst treffend wiedergibt. Es dient deshalb der inhaltlichen Literatursuche. Ein Stichwort ist ein Wort aus dem Titel eines Werkes.

Online-Datenbanken

ABI Inform (Proquest)
Vor allem englischsprachige Literatur: enthält bibliographische Angaben, Abstracts und zum Teil auch Volltexte; auf Diskette speicherbar oder als E-Mail verschickbar, ausdruckbar.

Factiva (Reuters Business Briefing)
Pressedatenbank; vor allem Tagesfachpresse sowie Agenturmeldungen aus der Schweiz, Europa, USA und Asien; Volltext, persönliche Profile erstellbar.

Genios Wirtschaftsdatenbanken (Verlagsgruppe Handelsblatt)
Fachartikel aus der deutschsprachigen Fachpresse, Tages- und Wochenzeitungen; Firmen- und Marktdaten, Branchen- und Rechtsinformationen; über 500 Datenbanken mit insgesamt ca. 60 Millionen Artikeln; meist Volltext, abspeicherbar, Abbildungen und Tabellen teilweise vorhanden.

WISO NET (GBI – Gesellschaft für Betriebswirtschaftliche Information mbH)
Vor allem deutschsprachige Literatur: über 200 Datenbanken; Tages- und Wochenzeitungen, Fachzeitschriften; Personen- und Unternehmensinformationen, Branchen- und Marktinformationen; 4 Millionen Literaturhinweise; enthält bibliographische Angaben, Abstracts und Volltexte der einzelnen Artikel, abspeicherbar.

Datenbank-Netzwerk der Zentralbibliothek Zürich
300 Datenbanken aus verschiedenen Wissenschaftsbereichen (z.B. Econlit, WISO); auf Diskette speicherbar.

5.1.4 Fachbücher

Bei den Fachbüchern kann grundsätzlich zwischen Lehr- beziehungsweise Grundlagenbüchern sowie Büchern mit einem spezifischen Themenschwerpunkt unterschieden werden. Lehr- und Grundlagenbücher bieten einen guten Überblick über ein Fachgebiet. Für eine vertiefte Auseinandersetzung mit einem Thema sind sie aber nicht geeignet, da sie verschiedene Theorien, Hypothesen und Meinungen nur allgemein und oberflächlich behandeln. Demgegenüber umfassen Bücher mit einem spezifischen Themenschwerpunkt ein relativ enges Fachgebiet. Aufgrund der thematischen Eingrenzung können die einzelnen Aspekte, Theorien und Meinungen ausführlicher behandelt werden. Dementsprechend eignen sich diese Bücher für die intensive Auseinandersetzung mit einem Thema. Bei Fachbüchern sollte man unbedingt darauf achten, dass man mit der neuesten Auflage arbeitet. Nur wenn dies unmöglich ist, darf auf ältere Auflagen zurückgegriffen werden.

Fachbücher sind, neben den Artikeln, eine gute und wichtige Informationsquelle für das Schreiben einer Forschungsarbeit und bilden die Basis der Literatursuche und damit jeder Arbeit.

**5.1.5
Zeitschriftenartikel**

Zeitschriften sind aktueller als Bücher, sodass eine Arbeit über ein neueres Thema vor allem auf Zeitschriftenartikeln basieren wird. Bei den Zeitschriften gibt es Übersichtsartikel und sehr spezifische Artikel. Oftmals veröffentlichen Autoren zusätzlich zu einem Buch auch verschiedene Artikel, welche die Hauptaussagen des Buches zusammenfassen beziehungsweise den Inhalt konzentriert darstellen. Zudem erhält man mittels Artikel schneller als mit Büchern einen guten Einblick in den neuesten Stand der wissenschaftlichen Diskussion. Bei einer schriftlichen Arbeit sind Zeitschriftenartikel wegen ihren kurzen und prägnanten Formulierungen eine wichtige Literaturquelle.

Beim Arbeiten mit Zeitschriftenartikeln ist stets zu bedenken, dass es Zeitschriften von sehr unterschiedlichem Niveau gibt (z. B. Fachzeitschriften, Boulevardpresse).

Mittlerweile sind bereits viele Zeitschriften (ausschliesslich) online erhältlich. Dies hat den Vorteil, dass ohne grossen Kopier- und Bestellaufwand die neuesten Artikel verfügbar sind.

**5.1.6
Zeitungsartikel
(Wirtschaftspresse)**

Zeitungen sind nochmals aktueller als Zeitschriften. Für die theoretische Fundierung einer wissenschaftlichen Arbeit eignen sich Zeitungsartikel nicht. Aber sie dienen durchaus zur Illustration bestimmter Sachverhalte. Zeitungsartikel als wissenschaftliche Quelle zu benutzen, bleibt deshalb ausgeschlossen, weil Zeitungsartikel die an eine wissenschaftliche Arbeit gestellten Anforderungen (z. B. Formalkriterien, insbesondere Literaturangaben) nicht erfüllen.

**5.1.7
Internet**

Viele Informationen sind heutzutage auf dem Internet erhältlich wie beispielsweise Informationen über Unternehmungen und gesellschaftliche Institutionen sowie Vorabdrucke demnächst publizierter Bücher, Artikel oder Konferenzbeiträge. Zudem findet man auf dem Internet Hinweise auf Bücher und Zeitschriftenartikel. Einzelne Autoren verfügen über eine eigene Homepage mit einer Publikationsliste, die einen Überblick über ihre Veröffentlichungen gibt.

Das Internet ist für die theoretische Grundlegung einer Arbeit wenig geeignet, insbesondere weil die Qualität der Quellen nicht immer zweifelsfrei festgestellt werden kann. Auf dem Internet findet man nicht nur Textausschnitte anerkannter Autoren, Zeitschriften und Organisationen, sondern auch Statements verschiedener (radikaler)

Randgruppen, die vereinzelt extreme Meinungen vertreten. Deshalb ist es wichtig, dass man die im Internet gefundenen Informationen stets kritisch hinterfragt und nur zu Illustrationszwecken einsetzt.

Internet Schweiz	Bundesverwaltung	http://www.admin.ch
	Bundesamt für Statistik	http://www.admin.ch/bfs
	Börse	http://www.swx.com
	Neue Zürcher Zeitung	http://www.nzz.ch
	Schweizerische Handelszeitung	http://www.handelszeitung.ch
Internet Deutschland	Statistisches Bundesamt Deutschland	http://www.statistik-bund.de/
	Commerzbank (Wirtschafts-daten und -prognosen)	http://www.commerzbank.de/navigate/date_frm.htm
	Deutsche Bank (Börsendaten)	http://group.deutsche-bank.de/ghp/index.htm
	Die Zeit	http://www.zeit.de/
	Das Wirtschafts-Studium	http://www.wisu.de/index.php
Internet Österreich	Statistik Austria	http://www.oestat.gv.at/
	Börse	http://www.vienna-stock-exchange.at/
	Bank Austria	http://www.bankaustria.com/
	Rechtsinformationssystem Bundeskanzleramt	http://www.ris.bka.gv.at/auswahl/
	Statistisches Zentralamt	http://www.aeiou.at/aeiou.encyclop.s/s786041.htm
Internet International	UNO	http://www.un.org
	OECD	http://www.oecd.org
	WTO	http://www.wto.org
	EU	http://www.europa.eu.int/index-de.htm
	Börse	http://www.investor.msn.com

**5.1.8
Statistische Daten/
Firmenmaterial**

Grundsätzlich hängt es von der Fragestellung ab, ob der Beizug von statistischen Daten und Firmenmaterial in einer wissenschaftlichen Arbeit sinnvoll ist oder nicht. In der Regel werden diese Materialien für empirische Arbeiten, Fallstudien oder zur Illustration einer theoretischen Arbeit benötigt.

**5.1.9
Persönliche
Kontakte**

Persönliche Kontakte können beim Verfassen einer wissenschaftlichen Arbeit auf zwei Arten hilfreich sein. Einerseits können sie den «Schreibprozess» unterstützend begleiten (Betreuungsperson), andererseits können sie Informationsquelle beziehungsweise Interviewpartner sein. Letzteres gilt insbesondere für das Schreiben einer empirischen Arbeit.

5.1.9.1
Betreuungsperson

Die Themen von schriftlichen Arbeiten werden mehrheitlich von Professoren oder Betreuungspersonen der einzelnen Fachbereiche vorgegeben. Insofern gibt es immer eine Person, die über das Thema der Arbeit zumindest oberflächlich Bescheid weiss. Die Betreuungspersonen geben normalerweise gerne erste Literaturhinweise, um den Studierenden den Start zu erleichtern. Ist die daran anschliessende eigene Suche wenig Erfolg versprechend verlaufen, so sollte man sich unbedingt nochmals an die Betreuungsperson wenden. Eventuell muss das Thema leicht abgeändert oder neu definiert werden. Auch später, während dem Schreiben der Arbeit, kann man sich an die Betreuungsperson wenden. Insbesondere empfiehlt es sich, die Disposition der Arbeit (vgl. 7.2 «Erarbeitungsphase (Forschen)») mit ihr zu besprechen.

5.1.9.2
Interviewte Person

Entscheidet man sich im Rahmen seiner Arbeit für die Durchführung von Interviews (vgl. 9.1 «Befragung»), muss man verschiedene Punkte beachten.

Durch ein Interview erhält man von der interviewten Person bereits bekannte Informationen zum Thema, aber auch weiterführende oder sogar neue. Allerdings nur, wenn man ihr die entsprechenden Fragen stellt. Man sollte sich deshalb die Fragen genau überlegen, damit man von der interviewten Person auch das erfährt, was man wissen will und wissen muss. Voraussetzungen dazu sind, dass man sich ins Themengebiet bereits eingelesen und das «Theoriegerüst» erarbeitet hat. Denn nur so kann man differenzieren zwischen dem, was man bereits weiss, und dem, was man wissen will, und nur so kann man letztlich das Interview effizient führen.

Im Text der Arbeit ist festzuhalten, mit wem (Name und Funktion der interviewten Person), wann (Datum) und wo (Ort) das Interview stattfand. Werden mehrere Personen befragt, dann erstellt man am besten ein spezielles Verzeichnis mit den entsprechenden Informationen zu den interviewten Personen.

5.2   Deutschsprachige Bibliothekensysteme

5.2.1
Das schweizerische Bibliothekensystem

Seit dem Zusammenschluss der verschiedenen Bibliotheken in der Schweiz zum Informationsverbund Deutschschweiz (IDS) im Jahre 1999 können von jeder Universitätsbibliothek der Schweiz aus die Bestände der anderen Universitätsbibliotheken über ein gemeinsames System abgefragt werden.[1]

Folgende Bibliotheken haben sich zum Informationsverbund Deutschschweiz (IDS) zusammengeschlossen:

- NEBIS (ehemaliger ETHICS-Verbund),
- IDS Zürich Universität (ehemaliger DOBIS-/LIBIS-Verbund der Universität Zürich),
- IDS Basel/Bern (ehemaliger Deutschschweizer Bibliotheksverbund DSV),
- IDS St. Gallen (ehemaliger DOBIS-/LIBIS-Verbund der Universität St. Gallen),
- IDS Luzern.

Die früher unterschiedlichen Bibliothekensysteme (DOBIS-/LIBIS, ETHICS, SIBIL, BIBLU) wurden durch das neue System ALEPH 500 abgelöst, wodurch die Bibliothekskataloge nun unter einer einheitlichen Oberfläche angeboten werden. Nachdem die Daten der Einzelkataloge für eine gewisse Zeit getrennt verwaltet wurden, ist seit dem Jahr 2001 der IDS Gesamtkatalog betriebsbereit.

Nachfolgend werden die einzelnen Verbundbibliotheken kurz vorgestellt.[2]

---

1   Sämtliche Ausführungen über das schweizerische Bibliothekensystem sind dem Internet entnommen. Vergleiche IDS (Informationsverbund Deutschschweiz) 2001a.

2   Für weitere Informationen über die verschiedenen Verbundbibliotheken vergleiche IDS (Informationsverbund Deutschschweiz) 2001b.

5.2.1.1
NEBIS

Der NEBIS-Verbund (ehemaliger ETHICS-Verbund) enthält die bibliographischen Daten von 50 Bibliotheken (u. a. ETH-Bibliothek, Zentralbibliothek Zürich) sowie verschiedener weiterer Institutionen wie beispielsweise dem Schweizerischen Sozialarchiv.

Die *ETH-Bibliothek* ist in den Bereichen der Technik und Naturwissenschaften die grösste Spezialbibliothek der Schweiz. Sie ist eine Magazinbibliothek, das heisst, die Bibliothek ist nicht frei zugänglich. Die Benutzung geschieht hauptsächlich elektronisch und die bestellten Bücher können am Schalter abgeholt werden. Die Bestände sind ab 1976 elektronisch erfasst. Die *Zentralbibliothek Zürich* umfasst Literatur zu allen an der Universität Zürich gelehrten Fächern. Sie ist ebenfalls eine Magazinbibliothek, verfügt aber über einen grossen Freihandbestand, das heisst, viele Bücher sind frei zugänglich. Die Bestände sind ab 1988 elektronisch erfasst, frühere Werke finden sich im Zettelkatalog. Unabhängig von der Erfassungsweise können die gesamten Bestände elektronisch abgefragt werden. Die Erfassungszeiträume der verschiedenen *Institutsbibliotheken* sind sehr unterschiedlich.

5.2.1.2
IDS Zürich
Universität

Die IDS Zürich Universität (ehemaliger DOBIS-/LIBIS-Verbund der Universität Zürich) umfasst die Bestände der Hauptbibliothek Universität Zürich-Irchel sowie die Bestände von 115 Instituten beziehungsweise Fakultäten der Universität Zürich (Ausnahmen: Juristische Fakultät, Englisches und Slawisches Seminar).

Die *Hauptbibliothek Zürich-Irchel* beherbergt Literatur aus den Gebieten Medizin, Technik und Naturwissenschaften. Die Bestände der Hauptbibliothek Zürich-Irchel sind vollständig online erfasst. Die verschiedenen *Institutsbibliotheken* enthalten Literatur aus den Fachbereichen Medizin, Technik und Naturwissenschaften sowie Wirtschaft, Philosophie und Theologie. Die Erfassungszeiträume der Institutsbestände sind sehr unterschiedlich.

5.2.1.3
IDS Basel/Bern

Der IDS Basel/Bern (ehemaliger Deutschschweizer Bibliotheksverbund DSV) umfasst die zentralen Hauptbibliotheken der Universitäten Basel und Bern, die meisten Institutsbibliotheken beider Universitäten sowie verschiedene Bibliotheken von Museen und privaten Forschungsinstituten.

Die Bestände der *Universitätsbibliothek Basel* sind ab 1940, Dissertationen ab 1980, online registriert. Die Bestände der *Stadt- und*

Universitätsbibliothek Bern sind ab 1965 (A–N) und ab 1980 (O–Z) online erfasst.

5.2.1.4
IDS St. Gallen

Am Verbund der Universität St. Gallen (HSG) (ehemaliger DOBIS-/ LIBIS-Verbund der Universität St. Gallen) beteiligen sich neben der Hauptbibliothek unter anderem 26 Bibliotheken von Instituten und Forschungsstellen der HSG.

Die Bibliotheken der HSG umfassen vor allem Werke aus den Gebieten der Wirtschafts-, Rechts- und Sozialwissenschaften. Alle Bibliotheken sind Freihandbibliotheken mit Präsenzcharakter und nur eingeschränkter Ausleihmöglichkeit (z.B. Fernleihe, Kopiermöglichkeiten). In der Hauptbibliothek sind die Dokumente ab 1987, in den Institutsbibliotheken ab 1989 online erfasst. Die Bestände der Rechts- und Politikwissenschaften sowie alle Dissertationen sind vollständig registriert.

5.2.1.5
IDS Luzern

Die Hauptbibliothek im IDS Luzern ist die Zentral- und Hochschulbibliothek Luzern. Sie sammelt hauptsächlich allgemeinwissenschaftliche Literatur zu allen Wissensbereichen. Der Schwerpunkt liegt auf den Gebieten Recht, Geschichte, Sprach- und Literaturwissenschaft, Pädagogik, Psychologie, Theologie und Philosophie. Die Zentral- und Hochschulbibliothek ist eine Magazinbibliothek mit einem Freihandbestand. Die Bestände sind ab 1984 online erfasst (mit Ausnahmen).

5.2.2
Das deutsche
Bibliothekensystem

Das deutsche Bibliothekensystem ist wie folgt gegliedert:

■ Als *Nationalbibliothek* wurde 1912 die Deutsche Bücherei in Leipzig gegründet. Nach der Teilung Deutschlands entstand 1946 auf Initiative des westdeutschen Buchhandels die Deutsche Bibliothek in Frankfurt am Main. Aus der Verbindung der beiden Institute entstand 1990 «Die Deutsche Bibliothek» mit Sitz in Frankfurt, Leipzig und Berlin. Die Deutsche Bibliothek erfüllt die Funktion einer Nationalbibliothek: sie hat die Pflicht, alle deutschen und deutschsprachigen gedruckten und elektronischen Publikationen sowie Musikalien und Tonträger zu sammeln, dauerhaft zu archivieren, umfassend zu dokumentieren, öffentlich und uneingeschränkt zugänglich zu machen sowie nationalbibliographische Dienstleistungen anzubieten. Ihr Bestand umfasste 1999 ca. 16 Millionen Werke.

- Die *Staats- und Landesbibliotheken,* die es in jedem Bundesland gibt, sind aus ehemaligen Hofbibliotheken entstanden.
- Die *Universitätsbibliotheken* erlebten eine Neugründungswelle nach 1970. Die grösste Universitätsbibliothek ist die der Humboldt-Universität Berlin mit 3 bis 4 Millionen Bänden.
- Es gibt vier *zentrale Fachbibliotheken* mit Sammelschwerpunkten: Technische Informationsbibliothek Hannover (1.6 Millionen Bände), Zentralbibliothek Medizin Köln (1 Million Bände), Bibliothek des Instituts für Weltwirtschaft Kiel (2.1 Millionen Bände), Zentralbibliothek Landbau Bonn (0.6 Millionen Bände).
- Zahlreiche *Fachhochschulbibliotheken* entstanden Anfang der siebziger Jahre. Ihr Schwerpunkt ist oft Technik und Sozialarbeit, ihre Sammelgrundsätze sind nachfrageorientiert und studentenbezogen. Heute zählt man ca. 130 Fachhochschulbibliotheken.

Der Zugriff auf die Bibliothekskataloge erfolgt via Internet über Informationsverbünde.[1] Die wichtigsten sind:

- *Ehemaliges Deutsches Bibliotheksinstitut:* Die Zeitschriftendatenbank (ZDB) ist die Datenbank der Zeitschriften, Serien, Zeitungen und Kongressschriften in deutschen Bibliotheken. Die ZDB ist als überregionaler Bibliothekskatalog ein zusammengefasster Nachweis der in deutschen Bibliotheken archivierten, periodisch erscheinenden Literatur. Die ZDB enthält die maschinenlesbar erfassten Titel- und Standortnachweise wissenschaftlicher Bibliotheken aus allen Bundesländern. Die ZDB enthält aktuelle Literatur, geht aber auch zurück bis ins 15. Jahrhundert. Die ZDB enthält Literatur zu allen Sachgebieten und in allen Sprachen.
- *Die Deutsche Bibliothek:* ILTIS ist das Integrierte Literatur-, Tonträger- und Musikalien-Informationssystem Der Deutschen Bibliothek.
- *Gemeinsamer Bibliotheksverbund (GBV):* Der Verbundkatalog (GVK) des GBV umfasst über 15.3 Millionen Titel von Büchern, Kongressberichten, Zeitschriften, Mikroformen und elektronischen Dokumenten der über 400 GBV-Bibliotheken aus den Ländern Bremen, Hamburg, Mecklenburg-Vorpommern, Niedersachsen, Sachsen-Anhalt, Schleswig-Holstein und Thüringen.

---

1 Die Internetadresse der Einstiegsseite lautet: http://z3950gw.dbf.ddb.de/.

- *Bibliotheksverbund Bayern:* Die Verbunddatenbank BVB umfasst den Bestand der Bayerischen Staatsbibliothek, der Universitäts- und Fachhochschulbibliotheken, diverser staatlicher Regionalbibliotheken und einiger kirchlicher und ministerieller Einrichtungen in Bayern.

5.2.3
Das österreichische
Bibliothekensystem

Die österreichischen Bibliotheken sind wie folgt organisiert:[1]

- *Nationalbibliothek Österreich:*[2] Die Österreichische Nationalbibliothek – seit 1920 Rechtsnachfolgerin der k. und k. Hofbibliothek des habsburgischen Kaiserhauses – ist mit über 6 Millionen Bestandsobjekten die grösste und bedeutendste Bibliothek des Landes. Sie ist die einzige Bibliothek, die entsprechend dem österreichischen Mediengesetz Pflichtexemplare aus allen Bundesländern erhält und somit die in Österreich erschienenen Publikationen (einschliesslich Hochschulschriften) vollständig archiviert.
- *Landesbibliotheken,* die via Opac (Online Public Access Catalog)[3] abgefragt werden können, gibt es in allen neun Bundesländern.
- *Universitätsbibliotheken:* Neben sieben Universitätsbibliotheken zählen die Zentralbibliothek für Medizin und Physik in Wien sowie die Bibliotheken der sechs Pädagogischen Akademien zu dieser Kategorie.

Die Bibliotheksverbünde, über die auf die Bestände der Mitglieder zugegriffen werden kann, sind:

- InfoNet Austria: InfoNet Austria gibt Auskunft über Informations- und Dokumentationseinrichtungen in Österreich. Derzeit liegt der inhaltliche Schwerpunkt der Datenbank im Bereich Geistes- und Kulturwissenschaften.
- Verbundsystem der wissenschaftlichen Bibliotheken Österreichs;
- Österreichisches Bibliothekswerk;
- Österreichische Landesbibliotheken.[4]

---

1 Eine gute Übersicht gibt die Informationsseite der Universität Innsbruck: http://www.bibvb.ac.at/oesterreich.htm.
2 Die Internetadresse der Nationalbibliothek Österreich lautet: http://www.onb.ac.at.
3 Der Opac umfasst Bibliothekskataloge, auf die via World Wide Web zugegriffen werden kann.
4 Die Internetadresse für das InfoNet Austria lautet: http://infonet.onb.ac.at/cgi-db/ infonet.pl; diejenige für das Verbundsystem der wissenschaftlichen Bibliotheken Österreichs: http://www.bibvb.ac.at/verbund-opac.htm. Das österreichische Bibliothekswerk findet man unter: http://www.biblio.at/ und unter http://www. landesbibliotheken.at/ gelangt man in die österreichischen Landesbibliotheken.

5.3 Literatursuche

Am besten setzt man sich für die Literatursuche an einen Computer mit Internetanschluss oder direkt an den Terminal einer nahe gelegenen Bibliothek und wählt eine der Einstiegsseiten der genannten Bibliotheksverbünde an. Auch über die Homepage der eigenen Hochschule gelangt man in der Regel in die Sachkataloge der Bibliotheken.[1]

5.3.1 Wissenswertes

Folgende Punkte sollten bei der Literatursuche stets berücksichtigt werden:

- Man sollte sich nie nur auf eine Quelle beschränken. Das, was man findet, ist nie abschliessend.
- Man sollte die Suche nicht aufgeben, sobald man eine erste passende Publikation gefunden hat, die einem die gewünschte Antwort verspricht, insbesondere dann nicht, wenn man nach verschiedenen Meinungen sucht.
- Man sollte die Literatursuche dokumentieren. Es ist sinnvoll, sich zu notieren, in welcher Verbundbibliothek man nach welchem Autor, Schlag- oder Stichwort bereits gesucht hat, um zu vermeiden, dass man zweimal das Gleiche sucht.
- Man muss kritisch sein, insbesondere muss man sich bewusst sein, dass nicht alles, was gedruckt oder auf dem Internet erhältlich ist, auch brauchbar, hilfreich, korrekt oder wahr ist.
- Die Literatursuche im Internet ist sehr zeitintensiv, und nur dann sinnvoll, wenn man nicht unter Zeitdruck steht. Ansonsten geht man besser in eine Bibliothek beziehungsweise sucht über eine der erwähnten Einstiegsseiten nach Literatur.
- Nicht alles, was man sucht, ist im Internet erhältlich.

Bibliotheken sind komplexe Systeme. Zudem unterscheiden sich die einzelnen Bibliotheken in ihrem Aufbau und den Abläufen. Deshalb gibt es in den grösseren Bibliotheken regelmässig stattfindende Führungen, bei denen die Benutzerordnung der Bibliothek erklärt wird. Ebenfalls gibt es spezifisch ausgebildetes Personal, welches sich in einzelnen Themenbereichen auskennt. Findet man sich in einer Bibliothek nicht zurecht, sollte man das Bibliothekenpersonal um Hilfe

---

1 Die Internetadressen der schweizerischen Einstiegsseiten lauten: http://www.irc.unizh.ch/bfb/ oder http://www.zb3.unizh.ch/ids/.

bitten. Sinnvoll ist es allerdings, sich gewisse Fragen zu notieren, sodass man alle für die Literatursuche wesentlichen Informationen
möglichst auf einmal erhält.

5.3.2
Einstieg in die
Literatursuche

Als Einstiegsseite für die Literatursuche im Informationsverbund
Deutschschweiz eignet sich die Internetseite http://www.irc. unizh.ch/
bfb/, die Homepage der Bibliothek für Betriebswirtschaft (BfB)[1] (vgl.
▶ Abb. 10). Von dieser Seite aus kann man über den Link «Katalog»
in die dem Deutschschweizer Bibliothekenverbund angeschlossenen
Bibliotheken gelangen (vgl. 5.2.1 «Das schweizerische Bibliothekensystem»). Zudem findet man dort ein Zeitschriftenverzeichnis aller

Bibliothek für Betriebswirtschaft

Plattenstrasse 14, 8032 Zürich
Tel. 01/634 29 78
Fax 01/634 49 95
bfb@irc.unizh.ch

Sommeröffnungszeiten 16. Juli bis 17. September 2001

Mo-Fr 8.30-13.00

Montag, 10. September 2001
bleibt die Bibliothek wegen Systemumstellung geschlossen

⬩ **Katalog**

⬩ **Datenbanken**

⬩ **Benutzung**

⬩ **Virtuelle Bibliothek**

▲ Abb. 10   Homepage Bibliothek für Betriebswirtschaft
(Quelle: http://www.irc.unizh.ch/bfb/, 31.08.2001)

---

1   Die Bibliothek für Betriebswirtschaft ist eine Bibliothek der Wirtschaftswissenschaftlichen Fakultät der Universität Zürich. Sie umfasst schwergewichtig betriebswirtschaftliche Literatur. Volkswirtschaftliche Publikationen findet man in
den entsprechenden Institutsbibliotheken.

in der Bibliothek für Betriebswirtschaft vorhandenen Zeitschriften und Geschäftsberichte.

Die Frequently Asked Questions (FAQ) beantworten Fragen über das spezifische Vorgehen bei der Literatursuche, abhängig vom gesuchten Medium.

Wählt man den Link «Datenbanken» an, gelangt man in verschiedene Datenbanken, unter anderem ABI Inform (Proquest) und WISO NET. Diese Datenbanken enthalten Abstracts und zum Teil auch den gesamten Text von einzelnen Artikeln. Auf diese Weise kann man zuerst den Abstract lesen, und dann, sofern der Artikel Erfolg verspechend ist, den ganzen Artikel ausdrucken. Über den Link «Virtuelle Bibliothek» und «Publikationen» kann man zudem verschiedene Zeitschriften und Wochen- oder Tageszeitungen (Inland und Ausland) direkt anwählen.

Eine weitere Einstiegsseite ist die Homepage des Informationsverbundes Deutschschweiz (IDS) http://www.zb3.unizh.ch/ids/ (vgl. ▶ Abb. 11). Ausgehend von dieser Seite kann man einerseits auf die Homepages der einzelnen Verbundbibliotheken gelangen, wo zusätzliche Informationen wie Öffnungszeiten, Ausleihbedingungen, Mahngebühren etc. geboten werden (die Benutzerordnungen unterscheiden sich von Bibliothek zu Bibliothek). Andererseits gelangt man von der Homepage des IDS direkt in die Suchprogramme der einzelnen Verbundbibliotheken.

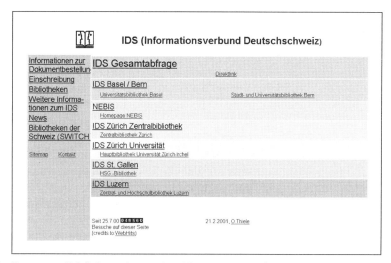

▲ Abb. 11   Homepage IDS (Informationsverbund Deutschschweiz)
(Quelle: http://www.zb3.unizh.ch/ids/, 31.08.2001)

Bevor man mit der Literatursuche für eine Arbeit beginnen kann, braucht man ein Thema (vgl. Kapitel 6 «Von der Problemstellung zur Forschungsfrage»). Verfügt man über ein Thema, ist es oftmals schwierig, den Einstieg in die Literatursuche zu finden. Wo beginne ich mit meiner Suche? Welches ist der erste Schritt bei der Materialbeschaffung?

In der nachfolgenden Phase steht man häufig vor dem Problem, dass man in der Fülle des Materials zu versinken droht oder, der umgekehrte Fall, dass man kaum Literatur zum Thema gefunden hat. Für die Bewältigung dieser Klippen gibt es Tipps, doch kein Universalrezept. Die Literatursuche ist immer auch ein «Trial and Error»-Verfahren.

Im Folgenden werden die einzelnen Schritte der Literatursuche aufgezeigt. Dabei ist die Frage wichtig, wie die allenfalls grosse Informationsmenge eingeschränkt werden kann. Es soll verhindert werden, dass man am Ende über unendlich viel Material verfügt, und dennoch die «richtigen» Informationen fehlen.

5.3.3 Grundlagenbücher und Übersichtsartikel

Der erste Schritt der Literatursuche beinhaltet die Beschaffung einiger Grundlagenbücher oder einführender Übersichtsartikel zum Thema der Forschungsarbeit. Diese kann man finden, indem man in den Bibliothekskatalogen und Datenbanken nach Stichworten und Schlagworten, abgeleitet vom (provisorischen) Titel der Arbeit, sucht. Dieser Schritt bietet sich ebenfalls an, wenn man noch kein Thema hat und erst auf der Suche nach Ideen ist.

5.3.4 Rückwärtssuche

Verfügt man über einige Literatur, kann man sogleich mit der Rückwärtssuche beginnen. Dabei studiert man das Literaturverzeichnis eines Buches oder Zeitschriftenartikels zum gewählten Thema und erhält so weitere Literaturhinweise. Der Vorteil dieser Methode ist, dass man bereits aus wenigen Büchern oder Zeitschriftenartikeln viele zusätzliche Literaturhinweise erhält. Wird ein Autor oft zitiert und im Literaturverzeichnis des betreffenden Buches oder Artikels mit verschiedenen Werken aufgeführt, so ist das ein gutes Indiz dafür, dass diese Person eine wichtige Informationsquelle zum bearbeiteten Thema ist. Auch wenn eine Quelle in verschiedenen Büchern oder Artikeln aufgeführt wird, ist dies ein Zeichen dafür, dass es sich um einen guten und informativen Text handelt.

Neben dem Literaturverzeichnis findet man eventuell auch im Vorwort eines Buches Hinweise auf weitere Autoren.

5.4 Literaturauswahl

5.4.1
Materialmenge

5.4.1.1
Zu viel Literatur

In der Regel droht man bei der Literatursuche in der Fülle des Materials zu versinken. Man muss deshalb seine Suchstrategie ändern beziehungsweise die Suchkriterien enger fassen. Durch die Verbindung einzelner Stich- und Schlagworte lässt sich der Rahmen einengen. Schreibt man eine Arbeit über ein aktuelles Thema, so ist die Abgrenzung via Jahrgang sinnvoll. Ältere Werke sind stets auf ihren Aktualitätsstand hin zu überprüfen, denn oft ist das darin enthaltene Wissen bereits überholt. Allerdings muss man vorsichtig sein, einzelne Werke sind Klassiker und immer aktuell. Eine weitere Einschränkungsmöglichkeit ist die Wahl des Mediums, indem man beispielsweise nur nach Büchern und Artikeln sucht.

5.4.1.2
Zu wenig Literatur

Seltener findet man keine oder zu wenig Literatur. Vor allem zu neueren Themen gibt es aber oft wenig Literatur, insbesondere Fachbücher sind kaum zu finden. In der Regel gibt es aber bereits einige Zeitschriftenartikel. Eventuell findet man zusätzliche Literaturhinweise via Internet, denn viele Autoren veröffentlichen einen Vorabdruck ihres Buches oder Teile desselben im Internet. Auch Kongresspapiere werden häufig aufs Internet geladen. Manchmal genügt es, nach einer erfolglosen Suche einen anderen Suchbegriff einzugeben, weil im Schlagwortkatalog ein anderes Wort als der erste Suchbegriff vermerkt wurde. Man muss für seine Suchbegriffe Synonyme finden oder relativ offene Suchbegriffe (z.B. Oberbegriffe) eingeben.

Ist die Literatursuche immer noch unergiebig, ist es am besten, sich an die Betreuungsperson zu wenden. Allenfalls kann diese weiterhelfen oder man entschliesst sich gemeinsam, das Thema zu wechseln.

5.4.2
Auswahlkriterien

Aus Kosten- und Zeitgründen können in der Regel nicht alle Bücher und Zeitschriftenartikel zu den gefundenen Literaturangaben beschafft werden. Man muss eine erste Vorselektion treffen, um die Zahl der gefundenen Publikationen zu beschränken. Um die Nützlichkeit einer Literaturangabe leichter zu erkennen, gibt es verschiedene Tipps.

**5.4.2.1
Untertitel**

Oftmals genügt es, den vollständigen Titel eines Buches oder Zeitschriftenartikels (inkl. Untertitel) zu kennen, um zu entscheiden, ob das Buch beziehungsweise der Zeitschriftenartikel für das Schreiben der Arbeit hilfreich ist oder nicht.

**Beispiel 19
Literaturauswahl**

Der Studierende sucht Literatur zum Thema «Managementkulturen – Eine theoretische Abhandlung». Er sucht im Stichwortkatalog nach dem Begriff «Managementkultur» und erhält sehr viele Literaturangaben. Betrachtet er aber den vollständigen Titel, so fällt beispielsweise das Buch «Managementkultur – Fallbeispiele aus der Praxis» bereits weg. Der Studierende will ja eine theoretische Arbeit über unterschiedliche Managementkulturen schreiben. Das Buch ist für ihn deshalb nicht relevant.

**5.4.2.2
Inhaltsverzeichnis,
Vorwort, Abstracts**

Viele Bibliotheken (v.a. Institutsbibliotheken) sind Freihandbibliotheken, das heisst, die Bücher und Zeitschriften sind für jedermann zugänglich. Um sicher zu gehen, dass das Buch den eigenen Wünschen entspricht, kann man dieses relativ schnell oberflächlich studieren, indem man das Inhaltsverzeichnis sowie das Vorwort überfliegt. Daraus lässt sich erkennen, welche Intention der Autor mit seinem Werk verfolgt. Viele Bücher lassen sich so bereits beurteilen und fallen eventuell aus dem Kreis der zu beschaffenden Literatur. Zeitschriftenartikel verfügen in der Regel über einen Abstract oder eine Zusammenfassung, anhand dessen/derer man relativ schnell erkennen kann, ob dieser Artikel für das Schreiben der Arbeit hilfreich sein wird. Zudem bieten viele Online-Datenbanken Abstracts an.

**5.4.2.3
Aktualität**

Eine wissenschaftliche Arbeit beinhaltet einen Überblick über den aktuellen Stand der Forschung. Deshalb muss man beim Schreiben der Arbeit zwingend auch neuere Publikationen verarbeiten. Untersucht man in der Forschungsarbeit ein aktuelles Thema, so sollte man sich sogar mehrheitlich auf neuere Quellen abstützen. Allerdings ist die auf dem Internet gefundene Literatur oft nicht oder nur schwer zu beschaffen.

5.4.3 Nutzbarmachung der Literaturauswahl

Beim Schreiben einer wissenschaftlichen Arbeit geht es nicht nur um die genaue Wiedergabe oder Zusammenfassung der gelesenen Literatur. Vielmehr steht die kritische Auseinandersetzung mit verschiedenen Konzepten, Theorien und Meinungen im Vordergrund. Beim Bearbeiten von Literatur ist es deshalb zentral, dass man nicht nur liest und zusammenfasst, sondern, dass man das Gelesene analysiert und – besonders wichtig – kritisch hinterfragt. Die Meinung des Autors darf nicht unbesehen übernommen werden, sondern sie soll aus einer gewissen Distanz und unter Einbezug der Ansichten anderer Forscher beurteilt werden. Insbesondere geht es darum, Stärken und Schwächen einer Theorie zu erfassen. Befasst man sich ausführlicher mit einem Thema, wird man zudem feststellen, dass kaum zwei Autoren das Gleiche sagen. Bei diesem Punkt muss der Schreiber ansetzen. Es geht darum, die Unterschiede in den Ansichten herauszuarbeiten und, in einem nächsten Schritt, einige dieser unterschiedlichen Ansätze zu vereinen. Mit anderen Worten, der Schreiber einer wissenschaftlichen Arbeit hat das Ziel, aufgrund einer kritischen Reflexion des Gelesenen verschiedene Meinungen in Verbindung zu bringen, wobei neue Erkenntnisse beziehungsweise ein neuer Ansatz entstehen soll.

Für eine sinnvolle Nutzung der Literatur sollte man sich stets bewusst sein, dass ein gutes Werk mehr wert ist als viele mittelmässige Publikationen. Dies ist zwar einleuchtend, aber nicht immer leicht zu verfolgen. Es ist nämlich oft schwierig, eine gute Quelle zu erkennen.

Jede Quelle sollte auf ihre Qualität hin geprüft werden. Literaturhinweise und Zitate in einer wissenschaftlichen Arbeit sollten mehrheitlich aus anerkannten Quellen stammen. Eine erste Vorselektion findet dabei bereits durch die (Fach-)Bibliothek statt. Dank dieser Tatsache kann man davon ausgehen, dass alle in einer (Fach-)Bibliothek vorhandenen Zeitschriften einen Mindeststandard aufweisen. Es empfiehlt sich deshalb, Zeitschriften in den (Fach-)Bibliotheken zu suchen und nicht via Internet.

Um die wirklich wertvollen Publikationen zu bestimmen, kommt man nicht darum herum, viele Bücher und Artikel erst einmal zu überfliegen. Durch «diagonales» Lesen findet man am schnellsten brauchbare Texte. Denn nur mittels Überfliegen vieler Publikationen erkennt man die wenigen Quellen, die vollständig gelesen werden sollten. Genauso enthalten die Buchrückseiten, Vorworte, Inhaltsverzeichnisse und Zusammenfassungen der Bücher und Artikel wertvolle Informationen über den Inhalt eines Textes. Hat man eine wertvolle und für die Arbeit entscheidende Publikation erkannt, so sollte man diese ganz lesen. Denn nur, wenn man den gesamten Text liest, erhält man ein vollständiges Bild der Meinung des Autors und kann den gesamten Kontext erfassen. Zudem kann man so verhindern, dass durch das Lesen einzelner Abschnitte oder Seiten eines Buches oder Artikels Fehlinterpretationen entstehen und falsche Schlussfolgerungen gezogen werden. Insbesondere beim wörtlichen Zitieren ist es unerlässlich, den Kontext zu berücksichtigen. Nimmt man eine Aussage aus dem Zusammenhang heraus, so kann sich der Sinn der Aussage verändern oder geradezu umkehren. Auch müssen die wörtlichen Zitate genau gekennzeichnet werden (vgl. 10.3.6.3 «Zitate»). Die Gefahr von Fehlinterpretationen besteht ebenfalls, wenn man so sehr von einer Idee überzeugt ist, dass man jegliche Literatur nur in Hinblick auf eine Bestätigung der eigenen These interpretiert.

5.5   **Literaturbeschaffung**

Man kann sich die in den Bibliotheken gefundene und ausgewählte Literatur beschaffen, indem man sie ausleiht oder kopiert.

5.5.1
Ausleihen
der Literatur

Im Anschluss an die Literatursuche ist der Standort der ausgewählten Titel zu eruieren. Dies geht in der Regel problemlos, denn die Bibliothekskataloge geben gleichzeitig zur Titelangabe den Standort der einzelnen Titel an. Bücher können, sofern es keine Nachschlagewerke sind, im Normalfall ausgeliehen werden, Zeitschriften nur bedingt (vgl. die Benutzerordnung der jeweiligen Bibliothek). Insbesondere der aktuelle Jahrgang einer Zeitschrift ist oft – da Präsenzbestand – nicht ausleihbar. Doch gibt es in jeder Bibliothek Kopiermöglichkeiten. Allerdings sind die Kopierkarten zwischen den einzelnen Bibliotheken oftmals nicht kompatibel.

Bücher oder Zeitschriftenartikel, die nicht in einer Bibliothek der Umgebung zu erhalten sind, können via Fernleihe (interbibliothekarischer Leihverkehr) bestellt werden. Dies ist mittlerweile via Internet (IDS-Verbund) möglich oder mit einem speziellen Formular der Bibliotheken. Bücher werden im Original zugeschickt, von den Artikeln erhält man eine Kopie gegen eine Gebühr.

5.5.2
Kopieren
der Literatur

Aus urheberrechtlichen Gründen wird das Kopieren von (ganzen) Publikationen nicht gerne gesehen. Da es den Studierenden kaum möglich sein wird, sich die nicht ausleibaren Werke zu kaufen, ist es jedoch oft die einzige Möglichkeit, um an die benötigte Literatur zu gelangen.

5.5.2.1
Kopieren von
Büchern und
Buchteilen

Bücher oder einzelne Seiten eines Buch sollten immer mit der Titelseite sowie allen bibliographischen Angaben (Titel und Autor des Buches, Jahr, Verlag, Ort sowie Seitenzahlen und evtl. Standort des Buches in der Bibliothek) kopiert werden. Sinnvoll ist auch das Kopieren des Inhalts- und Literaturverzeichnisses (vgl. 10.3.8 «Literaturverzeichnis» und 5.5.4 «Bibliographische Angaben»). Wie bereits erwähnt, ist das Literaturverzeichnis eines Buches (oder eines Artikels) eine gute Ausgangslage für das Suchen und Finden weiterer Literatur (vgl. 5.3.4 «Rückwärtssuche»).

5.5.2.2
Kopieren
eines Artikels

Einen Artikel sollte man immer vollständig kopieren, das heisst von der ersten bis zur letzten Seite, inklusive Literaturverzeichnis. Zudem müssen die für eine Zitation des Artikels notwendigen bibliographischen Angaben (Titel, Jahrgang und Nummer der Zeitschrift sowie Titel, Autor und Seitenzahlen des Artikels und evtl. Standort der Zeitschrift in der Bibliothek) festgehalten werden. Bei vielen Artikeln stehen diese Angaben auf der ersten Seite des Textes. Bei den übrigen Artikeln hält man die bibliographischen Angaben am besten von Hand auf dem Artikel selbst fest.

5.5.3
Ausdruck von
Internetseiten

Bei Ausdrucken von Internetseiten muss darauf geachtet werden, dass der genaue elektronische Pfad (URL) mit ausgedruckt wird. Er dient als «bibliographische» Quelle. Zudem muss man das Datum des Ausdrucks festhalten.

5.5.4
Bibliographische
Angaben

Jede wissenschaftliche Arbeit verfügt über ein Literaturverzeichnis (vgl. 10.3.8 «Literaturverzeichnis»), das die beim Schreiben der Arbeit benutzte Literatur aufführt. Um ein vollständiges Literaturverzeichnis der eigenen Arbeit erstellen zu können beziehungsweise um die Quellen richtig zu verwenden und zu zitieren, braucht man die vollständigen bibliographischen Angaben der benutzten Quellen.

Am besten ist es, wenn man möglichst früh mit dem Erstellen seines eigenen Literaturverzeichnisses beginnt und dieses dann laufend ergänzt. So erspart man sich beim Abschluss der Arbeit unliebsame Überraschungen. Stellt man zu diesem Zeitpunkt nämlich fest, dass vereinzelte bibliographische Angaben fehlen, muss man das Buch oder den Artikel nochmals beschaffen, was zu einer nervenaufreibenden Angelegenheit werden kann – insbesondere, wenn das Buch oder die Zeitschrift im Moment gerade ausgeliehen ist.

5.6   Literaturauswertung

Nachdem die wesentliche Literatur gesucht und beschafft wurde, muss sie, wie bereits erwähnt, gelesen, analysiert und kritisiert werden. Beim Lesen sollte sich der Forschende stets die Forschungsfrage und das Forschungsziel seiner Arbeit vor Augen halten, um die Literatur gezielt durchzuarbeiten und auszuwerten. Dabei gilt: Je genauer der Forschende weiss, wonach er sucht, desto selektiver kann er die wesentlichen Informationen aus den Texten herausfiltern.

Damit eine wissenschaftliche Publikation voll ausgeschöpft werden kann, ist es von Vorteil, dass die Literatur anhand einer geeigneten Struktur bearbeitet wird. Eine mögliche Methode der Literaturauswertung lässt sich als «4-E-Analyse» bezeichnen. Sie basiert auf den folgenden vier Kategorien:

1. Welches ist die *Erkenntnisabsicht* der Autoren?
2. Welche *Erkenntnismethode* wenden die Autoren an?
3. Welches *Erkenntnisangebot* wird von den Autoren offeriert?
4. Welches ist die *Erkenntnisverwendung* der Autoren?

5.6.1 Erkenntnisabsicht

Die Erkenntnisabsicht legt fest, welche Erkenntnisse die Autoren in ihrer Arbeit zu gewinnen versuchen. Die Erkenntnisabsicht wird häufig in der Forschungsfrage (vgl. Kapitel 6 «Von der Problemstellung zur Forschungsfrage») ausgedrückt. Sofern die Forschungsfrage nicht explizit ausformuliert ist, weisen Formulierungen wie «The purpose …» (Der Zweck der Publikation ist …), «The goal …» (Das Ziel der Publikation ist …), «We aim to …» (Folgende Ziele fokussieren wir …) auf die Erkenntnisabsicht hin.

Beispiel 20	Im Buch «Wettbewerbsstrategien» formuliert Michael Porter (1987, S. 10) die

Beispiel 20
4-E-Analyse

Im Buch «Wettbewerbsstrategien» formuliert Michael Porter (1987, S. 10) die folgende Erkenntnisabsicht: «*Wettbewerbsstrategie* untersucht, wie ein Unternehmen den Wettbewerb wirksamer führen kann, um seine Marktposition zu stärken».

5.6.2
Erkenntnismethode

Die Erkenntnismethode beschreibt die Vorgehensweise der Autoren zur Erkenntnisgewinnung und damit die Forschungsmethode, wobei die Forschungsmethode sowohl die Festlegung des theoretischen Zugriffs als auch die empirische Vorgehensweise umfasst (vgl. 3.2.1 «Theoretische und empirische Forschungsarbeiten»).

Konkret geht es bei der Festlegung des theoretischen Zugriffs um die Entscheidung, welche Theorien (z.B. Motivationstheorie, Anreiz-Beitrags-Theorie), Modelle (z.B. Modell von Angebot und Nachfrage) und Frameworks (z.B. Framework der Unternehmungsstrategie von Porter) in der Forschungsarbeit verwendet werden, um eine Problemstellung zu beschreiben, zu analysieren und zu lösen.

Beispiel 20 (Forts.)
4-E-Analyse

Porter beschreibt seine Erkenntnismethode im Buch «Wettbewerbsstrategien» (1987, S. 9) wie folgt: «Ich beschränkte mich dabei nicht auf die traditionelle, statistisch begründete universitäre Forschung, sondern zog darüberhinaus Studien über hunderte von Branchen heran, die das Ergebnis der Vorbereitung von Lehrmaterialien meiner eigenen Forschung, der Durchsicht dutzender von Branchenstudien durch Graduierten-Teams sowie meiner Arbeit mit Unternehmen innerhalb und ausserhalb der USA darstellten».

Die empirische Vorgehensweise bestimmt, mit welcher empirischen Methode die gesuchten Daten erhoben werden (z.B. Beobachtung, Befragung). Mit der Wahl der empirischen Methode legt der Forschende zugleich fest, ob die erhobenen Daten quantitativer oder qualitativer Natur sind.[1] Schliesslich zeigt die Wahl der empirischen Vorgehensweise, wie die Daten ausgewertet werden. Quantitative Daten werden mittels quantitativer Methoden (z.B. Regressionsanalyse[2]) und qualitative Daten mit qualitativen Methoden (z.B. Inhaltsanalyse[3]) ausgewertet.

---

[1] Je nachdem, ob quantitative oder qualitative Daten erhoben werden, spricht man von quantitativer oder qualitativer Empirie. Sowohl die quantitative als auch die qualitative Empirie erfassen, beschreiben und interpretieren die «Beschaffenheit» der sozialen Wirklichkeit beziehungsweise Ausschnitte der sozialen Wirklichkeit.
[2] Vergleiche Atteslander 2000, S. 284 ff.
[3] Vergleiche Atteslander 2000, S. 201 ff.

Der Forschende will die Leistungsmotivation von Mitarbeitern in Marketingabteilungen in einem ausgetrockneten Arbeitsmarkt untersuchen.

Bei der *quantitativen Empirie* versucht der Forschende die Leistungsmotivation von Mitarbeitern in Marketingabteilungen zu untersuchen, indem er sie misst. Die Leistungsmotivation als solche ist aber nicht messbar. Der Forschende muss den abstrakten Begriff «Leistungsmotivation» operationalisieren, das heisst, er muss Indikatoren benennen, anhand derer er die Leistungsmotivation von Mitarbeitern messen kann. Mögliche Indikatoren sind:

- Einhaltung von Abgabeterminen
- Überzeit
- Stellenwechsel etc.

Weiter muss die Wirkung der Indikatoren auf die Leistungsmotivation festgelegt werden, beispielsweise spricht die Einhaltung von Abgabeterminen für einen motivierten Mitarbeiter und die teilweise Einhaltung von Abgabeterminen für einen mittelmässig motivierten Mitarbeiter. Anhand eines standardisierten Fragebogens mit geschlossenen Fragen (vgl. 9.1.5 «Offene und geschlossene Fragen») kann der Forschende untersuchen, welche Indikatoren in welchem Masse erfüllt sind. Anhand der Antworten der befragten Personen kann der Forschende ableiten, ob die Mitarbeiter von Marketingabteilungen motiviert sind oder eben nicht. Ist die Anzahl der ausgefüllten Fragebogen genügend gross, sind Verallgemeinerungen zulässig. Mittels Regressionsanalyse kann der Forschende zudem Zusammenhänge zwischen den einzelnen Indikatoren feststellen.

Bei der *qualitativen Empirie* geht der Forschende davon aus, dass die soziale Wirklichkeit zu komplex ist, als dass sie auf wenige Wirkungen reduziert werden kann. Deshalb wurden empirische Methoden entwickelt, die es dem Forschenden erlauben, die Komplexität der sozialen Wirklichkeit zu erfassen. Eine mögliche Methode der qualitativen Empirie ist das narrative Interview (vgl. 9.1.3 «Stark strukturierte und wenig strukturierte Interviewsituation»). Anhand eines solchen Interviews kann der Forschende versuchen, Sinnzusammenhänge, Wertvorstellungen sowie das Verständnis von Leistungsmotivation von Mitarbeitern in Marketingabteilungen zu erfassen. Verallgemeinerungen aus einem narrativen Interview sind allerdings erst möglich, wenn viele Einzelfälle genau befragt und ausgewertet wurden. Mittels Inhaltsanalyse kann der Forschende zudem versuchen, verschiedene Indikatoren der Leistungsmotivation herauszuarbeiten.

5.6.3 Erkenntnisangebot

Im Erkenntnisangebot werden die gewonnenen wissenschaftlichen Erkenntnisse durch wissenschaftliche Aussagen (vgl. Kapitel 4 «Vermittlung wissenschaftlicher Erkenntnis») ausgedrückt. Sämtliche Aussagen ergeben ein Modell oder ein Framework. Das Erkenntnisangebot ist der originäre wissenschaftliche Beitrag der Autoren.

Beispiel 20 (Forts.) 4-E-Analyse	Porter formuliert das Erkenntnisangebot im Buch «Wettbewerbsstrategien» (1987, S. 14) folgendermassen: «Dieses Buch bietet einen umfassenden Rahmen für analytische Methoden, die dem Unternehmen helfen sollen, seine Branche als Ganzes zu analysieren und ihre künftige Entwicklung vorherzusagen, seine Konkurrenten und seine eigene Position zu verstehen, und schliesslich die Analyse in eine Wettbewerbsstrategie für den betreffenden Markt umzusetzen». Das Erkenntnisangebot von Porter umfasst somit verschiedene Frameworks zur Strukturanalyse und zum Lebenszyklus von Branchen, zur Analyse von Konkurrenten sowie zur Typologisierung von Wettbewerbsstrategien.

5.6.4 Erkenntnisverwendung

Die Erkenntnisverwendung bringt zum Ausdruck, wie die Erkenntnisse der Autoren verwendet werden können und welche Handlungsempfehlungen sie abgeben. Dabei unterscheidet man zwischen Erkenntnissen für die Forschung (Theorie), die in weiteren Untersuchungen vertieft werden müssen, sowie Erkenntnissen und Handlungsempfehlungen für die Praxis.

Beispiel 20 (Forts.) 4-E-Analyse	Erkenntnisverwendungen ergeben sich bei Porter sowohl für die Theorie wie auch für die Praxis. Er schreibt in seinem Buch «Wettbewerbsstrategien» (1987, S. 10): «Dieses Buch wendet sich an Praktiker, die Strategien für bestimmte Geschäftszweige entwickeln müssen, und an Wissenschaftler, die den Wettbewerb besser zu verstehen suchen».

Mit Hilfe der 4-E-Analyse kann man Literatur analysieren und zugleich auch kritisch würdigen. Somit kann man einerseits die Nützlichkeit der Erkenntnismethode, des Erkenntnisangebots und der Erkenntnisverwendung im Hinblick auf die Erkenntnisabsicht der Autoren diskutieren, andererseits muss die eigene Forschungsfrage und Forschungsmethode in diesem Kontext kritisch hinterfragt werden.

Kapitel 6
Von der Problemstellung zur Forschungsfrage

Bevor man mit dem Schreiben einer wissenschaftlichen Arbeit beginnen kann, muss eine wissenschaftliche Problemstellung festgelegt und abgegrenzt werden. Die Problemstellung wird anschliessend in einer Forschungsfrage präzisiert. Die folgenden Ausführungen zeigen diese beiden schwierigen Prozesse auf.[1]

6.1 Suchfeld

Als Erstes muss ein mögliches Suchfeld abgesteckt werden, das heisst, es müssen Quellen bestimmt werden, in denen man nach möglichen Problemstellungen sucht. Suchfelder sind beispielsweise die besuchten Vorlesungen und Seminare, die Medien (Fernsehen, Radio, Tages- und Wochenzeitungen, Wirtschaftspresse) oder persönliche Erfahrungen. Auch wissenschaftliche Fachzeitschriften oder Publikationen von Unternehmungen regen zu potenziellen Problemstellungen an. Die Beiträge in den Fachzeitschriften beinhalten zudem einen ersten Einblick in die relevante Literatur der entsprechenden Problemstellung.

---

[1] Vergleiche dazu Booth, Colomb und Williams 1995, S. 29ff.; Kruse 1999, S. 189ff.; Seidenspinner 1994, S. 33ff.

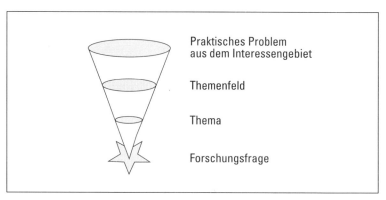

Praktisches Problem
aus dem Interessengebiet

Themenfeld

Thema

Forschungsfrage

▲ Abb. 12   Einengung der Forschungsfrage (Trichter)

Die meisten Suchfelder bieten viele verschiedene Ideen für eine mögliche Problemstellung. Diese Ideen müssen nun weiter daraufhin geprüft werden, ob sie sich für die Bearbeitung in einer wissenschaftlichen Arbeit eignen.

Die Einengung der Problemstellung zur Forschungsfrage kann in der Form eines Trichters dargestellt werden (vgl. ◄ Abb. 12).

6.2   Problemstellung aus dem Interessengebiet

Die Problemstellung aus dem Interessengebiet ist der Ausgangspunkt der Forschung und damit die erste Ebene des in ◄ Abb. 12 dargestellten Trichters. Der Problemstellung kommt eine besondere Bedeutung zu. Sie ist sowohl durch das Wissen des Studierenden als auch durch dessen Interessen geprägt. Die ausgewählte Problemstellung ist daraufhin zu prüfen, ob sie sich für eine wissenschaftliche Bearbeitung eignet und wenn ja, wie sie eingegrenzt werden kann, damit sie in einer realistischen oder der vorgegebenen Zeitspanne bewältigt werden kann. Diese Einengung ist allerdings eine schwierige Aufgabe. Deshalb ist ein systematisches Vorgehen wichtig.

Beispiel 6 (Forts.) Sunrise Der Studierende hat in den Medien den Konflikt zwischen der Telekommunikationsunternehmung Sunrise und einem Quartierverein verfolgt, wobei im Zentrum des Konflikts die möglichen negativen Auswirkungen zusätzlicher Mobilfunkantennen stehen. Der Studierende interessiert sich also für die Beziehungen zwischen Unternehmungen und Gesellschaft.

Beispiel 4 (Forts.)
Novartis

Der Studierende arbeitet seit einem halben Jahr Teilzeit in der Pharmaunterneh-mung Novartis. Dabei fällt ihm auf, dass viele der Mitarbeiter demotiviert und desinteressiert wirken. Er interessiert sich aus diesem Grunde für die Motivation von Mitarbeitern.

6.3 Themenfeld

Das Themenfeld ist ein Teil der Problemstellung aus dem Interessen-gebiet, welches nach der Meinung des Forschenden näher betrachtet werden soll. Die Problemstellung muss also auf ein Themenfeld – die zweite Ebene des Trichters (vgl. ◄ Abb. 12) – eingegrenzt werden.

Beispiel 6 (Forts.)
Sunrise

Der Studierende beschliesst, sich auf die Beziehungen zwischen Unternehmun-gen und Umweltgruppen, Letztere als Teil der Gesellschaft, zu konzentrieren.

Beispiel 4 (Forts.)
Novartis

Der Studierende interessiert sich dabei insbesondere für den Aspekt, wie die Motivation von Mitarbeitern in Unternehmungen gesteigert werden kann.

6.4 Thema

Es ist anspruchsvoll und zeitaufwendig, ein Themenfeld wissen-schaftlich seriös aufzuarbeiten und zu vertiefen. Ein Themenfeld muss deshalb weiter eingegrenzt werden. Vom Themenfeld gelangt man zum Thema, der dritten Ebene des Trichters (vgl. ◄ Abb. 12). Eine allgemein bekannte Faustregel lautet dabei: Lässt sich das Thema in weniger als fünf Worten beschreiben, so ist es zu weit gefasst. Ein Thema lässt sich beispielsweise eingrenzen mit Begrif-fen wie «Beitrag zu …», «Entwicklung von …», «Beschreibung der …», «unter spezieller Berücksichtigung von …» etc. Weitere Mög-lichkeiten, um das Thema einzugrenzen, sind: einen Aspekt auswäh-len, zeitliche Eingrenzungen vornehmen, einen Einzelfall oder ein Beispiel betonen, eine oder mehrere Theorien auswählen, den Pra-xisbezug verstärken, einen Überblick geben etc.

Beispiel 6 (Forts.)
Sunrise

Der Studierende kann sein Themenfeld auf ein Thema einengen, indem er zusätzlich die Situation, in der die Beziehungen zwischen Unternehmungen und Umweltgruppen spielen, beschreibt. In Bezug auf die Problemstellung mit der Unternehmung Sunrise sind sich weder Sunrise noch die Umweltgruppen klar darüber, welche Auswirkungen die Mobilfunkantennen auf die Umwelt beziehungsweise die Gesellschaft haben. Sunrise und die Umweltgruppen befinden sich in der Situation einer Abklärungsphase.

Beispiel 4 (Forts.)
Novartis

Der Studierende grenzt sein Themenfeld weiter ein, indem er sich auf einen Unternehmungsbereich konzentriert. Beispielsweise interessiert er sich für die Motivationssteigerung von Mitarbeitern in wissensintensiven Unternehmungsbereichen.

6.5 Forschungsfrage

In einem nächsten Schritt wird das Thema weiter eingegrenzt und in der Forschungsfrage präzisiert. Die Forschungsfrage ist die vierte und letzte Ebene des Trichters (vgl. ◄ Abb. 12) und die Basis jeder wissenschaftlichen Arbeit.

Die Forschungsfrage beinhaltet sämtliche Leitfragen, die der Autor beantworten will. Sie basiert auf den Fragen: «Was weiss ich nicht?» beziehungsweise «Was will ich herausfinden?».

Die Forschungsfrage zeigt, welches Problem der Forschende lösen will, oder umschreibt den Sachverhalt, den er erklären oder besser verstehen will. Wissenschaftliche Forschungsfragen zielen also immer auf einen Erkenntnisgewinn in Bezug auf eine bestimmte Problemstellung.

Beispiel 6 (Forts.)
Sunrise

Der Studierende kann folgende Forschungsfrage formulieren: «Beeinflusst die Unternehmungskultur, als Teil der spezifischen Gegebenheiten in einer Unternehmung – in diesem Fall der Unternehmung Sunrise –, die Beziehungen zwischen Unternehmung und Umweltschutzgruppen in Abklärungssituationen?»

Beispiel 4 (Forts.)
Novartis

Die Forschungsfrage des Studierenden lautet dann wie folgt: «Welche leistungsorientierte Lohnpolitik motiviert Mitarbeiter in Forschungs- und Entwicklungsabteilungen – speziell in der Unternehmung Novartis – zur Leistungssteigerung?»

Um die Forschungsfrage zu begründen und die Relevanz der Forschungsfrage zu überprüfen, stellt man sich am besten – auf dem Hintergrund der bereits gesichteten Literatur – die folgenden zwei (Kontroll-)Fragen: «Weshalb will ich es wissen?» (Begründung und Forschungsziel) und «Was nützt es, dies zu wissen?» (Bedeutung bzw. Relevanz). Eine Forschungsfrage weist dann eine gewisse Relevanz auf, wenn entweder die «Kosten des Nicht-Wissens» hoch sind oder die Erkenntnisse der Forschung eine grosse Bedeutung («Nutzen des Wissens») für die Disziplin haben.

Beispiel 6 (Forts.) **Sunrise**	Der Studierende kann seine Forschungsfrage beispielsweise wie folgt begründen: «... um zu verstehen, wie die gemeinsamen Normen und Werte (Unternehmungskultur) das Verhalten der Manager in Abklärungssituationen beeinflussen.» Die Bedeutung seiner Forschungsfrage ist: «... sodass ich den Managern verschiedene Handlungs- und Gestaltungsempfehlungen geben kann, wie sie die Unternehmungskultur positiv beeinflussen können.» Eine mögliche Gestaltungsempfehlung wäre: «Die Manager sollten Workshops mit Interessengruppierungen veranstalten, um eine Stakeholderorientierung in der Unternehmungskultur zu entwickeln.»
Beispiel 4 (Forts.) **Novartis**	Ein mögliche Begründung der Forschungsfrage ist: «... um zu verstehen, aus welchen Faktoren sich die Motivation der Mitarbeiter in Unternehmungen zusammensetzt.» Die Bedeutung der Forschungsfrage kann der Studierende wie folgt beschreiben: «... sodass ich Thesen über die Motivation von Mitarbeitern in Unternehmungen bilden kann, die in weiteren Untersuchungen empirisch überprüft werden können.» Eine mögliche These wäre: «Ein wichtiger Bestandteil der erfolgreichen Motivation in wissensintensiven Organisationseinheiten ist eine leistungsorientierte Lohnpolitik.»

Für eine wissenschaftliche Arbeit müssen Informationen gesammelt, ausgewertet und dargestellt werden. Damit ist die Forschungsarbeit aber nicht abgeschlossen. Vielmehr sollen Antworten auf Problemstellungen gefunden werden. Indem entweder Thesen formuliert werden, die Gegenstand weiterer Untersuchungen sein können oder Gestaltungsempfehlungen gegeben werden, mit der Absicht, neue Realitäten zu schaffen.

abklären = clarificar

Kapitel 7
Wissenschaftlicher Problemlösungsprozess

Bei einer Forschungsarbeit kann grundsätzlich zwischen dem Ablauf, das heisst dem wissenschaftlichen Problemlösungsprozess, und dem Aufbau, das heisst der Struktur der Arbeit (vgl. Kapitel 8 «Struktur einer Forschungsarbeit»), unterschieden werden. Dabei gilt, dass die Struktur im Wesentlichen von den einzelnen Schritten des wissenschaftlichen Problemlösungsprozesses abgeleitet werden kann.

Im Folgenden wird der wissenschaftliche Problemlösungsprozess dargelegt.[1]

Der wissenschaftliche Problemlösungsprozess bei einer Seminar-, Semester- oder Diplomarbeit lässt sich in drei Phasen unterteilen:

- Planungsphase,
- Erarbeitungsphase und
- Überprüfungsphase.

In allen Phasen ist ein strukturiertes Vorgehen hilfreich und deshalb empfehlenswert.

---

1 Vergleiche dazu Franck 1998, S. 54 ff.; Kruse 2000, S. 129 ff.; Theisen 1998, S. 3 ff.

7.1 Planungsphase (Disposition erstellen)

Im Zentrum der Planungsphase steht die Erarbeitung der Disposition. Damit eine Disposition erstellt werden kann, empfiehlt sich das folgende Vorgehen (vgl. ▶ Abb. 13):

1. *Problemstellung beschreiben:* In einem ersten Schritt muss das praktische Problem aus dem Interessengebiet beziehungsweise die Problemstellung beschrieben werden (vgl. 6.1 «Suchfeld» und 6.2 «Problemstellung aus dem Interessengebiet»). Insbesondere soll an dieser Stelle dargelegt werden, welches das Forschungsobjekt (Erfahrungs- und Erkenntnisobjekt, vgl. 3.1.1 «Forschungsobjekt») der Arbeit ist.

   Bei einer Seminar- oder Diplomarbeit wird allerdings meistens ein Auftrag vom jeweiligen Dozenten erteilt, sodass die Problemstellung vorgegeben ist.

2. *Literatur suchen und «diagonal» lesen:* Anschliessend wird theoretische und empirische Literatur zur Problemstellung gesucht (vgl. Kapitel 5 «Literatur»). Die gefundene Literatur soll einem einen Überblick über die Problemstellung geben und zugleich aufzeigen, wie die Problemstellung in der Literatur verortet ist. Es ist also wichtig, dass die gefundene Literatur gezielt auf die Problemstellung hin «untersucht» wird.

   In diesem Stadium der Literatursuche sollte man keine Klassiker und auch keine Basisliteratur lesen, sondern neuere Übersichtsartikel oder Lehrbücher, die einem einen Überblick über den aktuellen Stand der theoretischen und empirischen Forschung zum Thema geben.

3. *Forschungsfrage und Forschungsziel bestimmen:* Nach der Durchsicht der relevanten Literatur wird in einem dritten Schritt die Problemstellung in einer Forschungsfrage präzisiert (vgl. Kapitel 6 «Von der Problemstellung zur Forschungsfrage»). Gleichzeitig soll begründet werden, warum diese Forschungsfrage gewählt wurde. Neben der Forschungsfrage muss das Forschungsziel (vgl. 3.1.2 «Forschungsziel») der Arbeit festgelegt werden, das heisst, die Bedeutung der Arbeit wird beschrieben, indem man offen legt, welchen Beitrag beziehungsweise welche neuen wissenschaftlichen Erkenntnisse man mit seiner Arbeit zu leisten gedenkt.

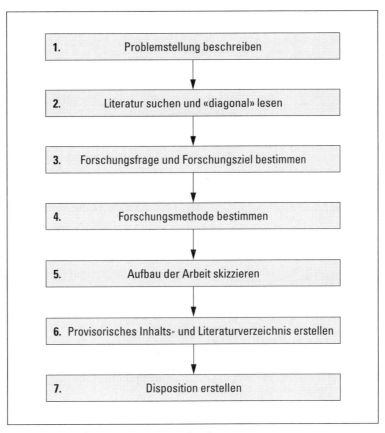

▲ Abb. 13   Planungsphase (Quelle: eigene Darstellung)

4. *Forschungsmethode bestimmen:* Nachdem Forschungsfrage und Forschungsziel festgelegt sind, wird die Forschungsmethode dargelegt. Das heisst, man wird den theoretischen Zugriff (vgl. 1.3 «Zwei Basiskonzepte der Betriebswirtschaftslehre») bestimmen und, falls geplant, die empirische Vorgehensweise (vgl. 3.2.1 «Theoretische und empirische Forschungsarbeiten» und Kapitel 9 «Ausgewählte empirische Methoden») beschreiben.[1]

5. *Aufbau der Arbeit skizzieren:* In einem fünften Schritt überlegt man sich den Aufbau beziehungsweise die Struktur der For-

---

1   Die definitive Festlegung des theoretischen Zugriffs und der empirischen Vorgehensweise erfolgt erst in der Erarbeitungsphase (vgl. 7.2 «Erarbeitungsphase (Forschen)»), im Anschluss an ein vertieftes Studium der Fachliteratur.

schungsarbeit. Man entscheidet, welche Aspekte eines Themas beziehungsweise einer Problemstellung man in der Arbeit behandeln will.

Anhand eines **Mind Maps**[1] lassen sich beispielsweise einzelne (wichtige und interessante) Aspekte eines Themas erfassen und gleichzeitig können die Beziehungen zwischen diesen Aspekten grafisch dargestellt werden. Ausgehend vom Mind Map kann man den Aufbau der Arbeit festlegen.

6. *Provisorisches Inhalts- und Literaturverzeichnis erstellen:* Basierend auf der Skizze des Aufbaus kann ein provisorisches Inhalts- und Literaturverzeichnis erstellt werden. Das Inhaltsverzeichnis lenkt den Forschenden beim Verfassen seiner Arbeit. Während dem Schreiben der Arbeit können sich aber durchaus noch Änderungen und Verschiebungen im Inhaltsverzeichnis ergeben. Zudem wird die bis anhin gefundene und bearbeitete Literatur in einem provisorischen Literaturverzeichnis aufgeführt.

7. *Disposition erstellen:* Am Ende der Planungsphase steht die Disposition. Sie umfasst die folgenden Punkte:
- Problemstellung,
- Forschungsfrage und Forschungsziel,
- Forschungsmethode sowie
- provisorisches Inhalts- und Literaturverzeichnis.

Ist die Disposition erstellt, muss unbedingt Kontakt mit der Betreuungsperson der Forschungsarbeit aufgenommen werden, um die Disposition zu besprechen.

Anhand der Disposition ist die Betreuungsperson in der Lage, den Studierenden rechtzeitig darauf hinzuweisen, dass gewisse Punkte in der Arbeit fehlen oder zu wenig tief behandelt werden. Auch lassen sich konzeptionelle und logische Schwächen einer Arbeit bereits anhand der Disposition erkennen.

Allenfalls rät die Betreuungsperson zu einer weiteren Einengung der Forschungsfrage, da eine zu umfassende Arbeit aus zeitlichen Gründen kaum in der geforderten Qualität verfasst werden könnte. Ziel der Besprechung ist es, dem Studierenden zu helfen und der

---

1   Beim Konzept des Mind Maps handelt es sich um eine Brainstorming-Technik, bei der Gedanken und Assoziationen zu einem Thema in Form von Schlüsselwörtern repräsentiert und festgehalten werden. Mind Maps sind eine Art «Gedächtnislandkarte». Ausgehend von einem zentralen Thema werden die Schlüsselwörter sternförmig notiert. (Vergleiche Michalko 2001, S. 48.)

Gefahr entgegenzuwirken, dass später eine fundamentale Überarbeitung der Arbeit vorgenommen werden muss.

Es empfiehlt sich, die Disposition der Betreuungsperson vor dem Gespräch schriftlich zukommen zu lassen und in Vorbereitung auf diese Zwischenbesprechung eine Liste von offenen Fragen zu erstellen. So kann man zu gegebener Zeit die richtigen Fragen stellen und verfügt nach der Besprechung über die für das weitere Vorgehen notwendigen Informationen.

7.2 Erarbeitungsphase (Forschen)

Ist die Disposition durch die Betreuungsperson genehmigt, beginnt die Erarbeitungsphase. Sie ist der spannendste Teil einer Forschungsarbeit, zugleich aber auch der anspruchsvollste. Häufig tauchen deshalb Fragen oder Probleme auf. Viele dieser Fragen und Probleme können im Gespräch mit Studienkollegen geklärt und gelöst werden. Ist dies nicht möglich, so sollte mit der Betreuungsperson Kontakt aufgenommen werden.

Die Betreuungsperson ist da, um bei allfälligen Fragen und Problemen bei Seminar- und Semesterarbeiten zu helfen und zu beraten, kurz, um zu unterstützen. Die Diplomarbeit muss dann selbständig geschrieben werden (Ausnahme: Besprechung der Disposition).

Beinhaltet eine Forschungsarbeit neben einem theoretischen auch einen empirischen Teil, so müssen das theoretische und das empirische Vorgehen aufeinander abgestimmt werden (vgl. 3.2.1 «Theoretische und empirische Forschungsarbeiten»).

Grundsätzlich gilt in der Erarbeitungsphase, dass eine wissenschaftliche Arbeit nicht nur die Wiedergabe fremder Ideen und fremden Wissens umfasst, sondern auch eine eigenständige Leistung beinhaltet. Jede wissenschaftliche Arbeit soll also neben einer Zusammenfassung von bereits bekannten Sachverhalten, Theorien und Meinungen auch die eigene Position zum Ausdruck bringen. Wesentlich ist, dass der originäre Beitrag die bisherige wissenschaftliche Diskussion weiterführt und bereichert. Der eigene Beitrag kann in vielfacher Weise erbracht werden. Er kann zum Beispiel die Verfeinerung eines bestehenden oder die selbständige Erarbeitung eines neuen Frameworks beinhalten (vgl. 3.4.2 «Framework») oder aber die empirische Überprüfung eines Frameworks.

Die Erarbeitungsphase umfasst die folgenden Aufgaben (vgl.
▶ Abb. 14):

1. *Vertieft theoretische und empirische Literatur suchen und be-schaffen:* Die Erarbeitungsphase beginnt mit einer systematischen Literatursuche (vgl. Kapitel 5 «Literatur»). Dabei wird Literatur gesucht, die sich konkret mit der gewählten Problemstellung beziehungsweise Forschungsfrage sowie der Forschungsmethode (theoretischer Zugriff, empirische Vorgehensweise) befasst. Nachdem man die ausgewählte Literatur beschafft hat, muss man sie bearbeiten (vgl. 5.4.3 «Nutzbarmachung der Literaturaus-wahl»).

2. *Theoretische und empirische Literatur aufgrund der Forschungs-frage analysieren:* Nun wird die Literatur gelesen und die verschiedenen Ansätze innerhalb des theoretischen Zugriffs im Hinblick auf die Forschungsfrage der Arbeit analysiert. Innerhalb des gewählten theoretischen Zugriffs werden einzelne Ansätze herausgehoben und miteinander verglichen. Wichtig ist, dass die verschiedenen Ansätze gezielt und nach genauen Kriterien durchgearbeitet und ausgewertet werden, ansonsten fehlen später beim Schreiben die notwendigen vergleichbaren Informationen und die Literatur muss erneut bearbeitet werden. Im Verlaufe der Literaturanalyse werden der theoretische Zugriff, das heisst theoretische Elemente, Modelle und/oder Frameworks (vgl. 3.2.1 «Theoretische und empirische Forschungsarbeiten») und, falls vorgesehen, die geeignete empirische Vorgehensweise (vgl. Kapitel 9 «Ausgewählte empirische Methoden») endgültig bestimmt und die Wahl begründet.

3. *Theoretischer Teil erarbeiten und niederschreiben:* Nachdem man sich in die Literatur eingearbeitet hat, sollte man möglichst bald mit dem Schreiben beginnen. Schreiben ist nämlich auch ein Prozess der Erkenntnisgewinnung. Indem man seine Gedanken explizit formuliert, kommt man oft zu neuen Einsichten. «Systematisch Denken kann man nur, wenn man schreibt, also die Ergebnisse seines Denkens festhält und mit weiteren Aspekten in Beziehung setzt»[1]. Während dem Schreiben bemerkt man zudem am besten, wo gedankliche Lücken oder Sprünge in der Argumentation auftauchen beziehungsweise Verbindungen fehlen. Hier kann der

---

1 Kruse 2000, S. 229.

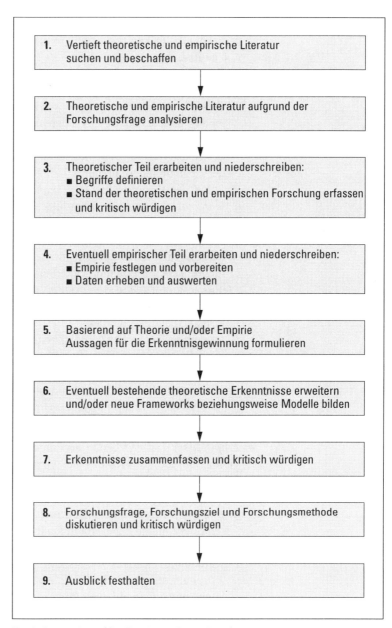

▲ Abb. 14   Erarbeitungsphase (Quelle: eigene Darstellung)

Forschende ansetzen und seinen originären Beitrag leisten, indem er Erkenntnislücken mit neuem Wissen schliesst und Widersprüche auflöst.

- *Begriffe definieren:* Nachdem die Literatur systematisch durchgearbeitet wurde, sollten die für die Forschungsarbeit zentralen Begriffe definiert und geklärt werden (vgl. 10.1.3 «Begrifffestlegung und Kohärenz des Begriffsystems»). Wichtig ist, dass man die Definitionen bestimmt, bevor man mit dem Schreiben des Textes beginnt, denn nur so ist eine konsistente Verwendung der Begriffe innerhalb der Arbeit gewährleistet.

- *Stand der theoretischen und empirischen Forschung erfassen und kritisch würdigen:* Ebenfalls im Rahmen des Theorieteils einer Arbeit wird ein Überblick über die zum Thema bestehende theoretische und empirische Literatur gegeben. Wichtig ist, dass die verschiedenen theoretischen Zugriffe, das heisst theoretischen Elemente, Modelle und/oder Frameworks, nicht nur zusammengefasst werden. Vielmehr soll die bestehende Literatur analysiert und im Hinblick auf die Forschungsfrage kritisch diskutiert werden (vgl. 5.4.3 «Nutzbarmachung der Literaturauswahl»). Die Möglichkeiten und Grenzen der bearbeiteten theoretischen Zugriffe, Modelle oder Frameworks sind aufzuzeigen, Erkenntnislücken können offen gelegt werden und allfällige auftauchende Fragen sind festzuhalten. Dabei ist von besonderer Bedeutung, dass man beim kritischen Lesen die Forschungsfrage nicht aus den Augen verliert.

4. *Empirischer Teil erarbeiten und niederschreiben:* Im Folgenden geht es um die Entwicklung des empirischen Teils einer wissenschaftlichen Arbeit. Wesentliche Phasen seiner Entstehung werden einzeln dargelegt.

- *Empirie festlegen und vorbereiten:* Auf der Basis der analysierten Literatur und der erarbeiteten theoretischen Grundlage kann die empirische Vorgehensweise definitiv festgelegt und geplant werden (vgl. Kapitel 9 «Ausgewählte empirische Methoden»). Bevor allerdings mit der Erhebung der Daten begonnen werden kann, sind zwingend zwei Punkte zu klären:
  a. Erstens muss die *Zugänglichkeit der Daten* sichergestellt werden. Dabei ist das Vorgehen von der gewählten empirischen Methode abhängig. Entscheidet sich der Forschende für die Durchführung mehrerer Interviews, muss er Kontakte zu Unternehmungen und Interviewpartnern aufbauen. Be-

steht der empirische Teil aus einer Auswertung von Jahres-
berichten oder Zeitungsartikeln, müssen die entsprechenden
Publikationen beschafft oder der Zugriff dazu gesichert werden (Firmen- und/oder Zeitungsarchive).

b. Zweitens muss das *Ziel der Empirie* klar sein. Der Forschende muss wissen, welche Daten er für seine Arbeit benötigt, denn nur so kann er gezielt brauchbare Daten
sammeln, analysieren und auswerten. Das Ziel der Empirie
hängt dabei sowohl von der Forschungsfrage als auch vom
theoretischen Zugriff ab (vgl. 3.2.2 «Wissenschaftstheoretische Grundposition»).

Das Ziel der Empirie, die empirische Vorgehensweise sowie die
gewählte empirische Methode müssen beschrieben und begründet werden.

- *Daten erheben und auswerten:* Nachdem die Daten erhoben
sind, können sie ausgewertet und interpretiert werden (vgl. Kapitel 9 «Ausgewählte empirische Methoden»). Zudem werden
die Methode und das Vorgehen kritisch gewürdigt und die
Frage, ob das gesetzte Ziel erreicht wurde, beantwortet.

5. *Aussagen für die Erkenntnisgewinnung formulieren:* Basierend
auf der Theorie und/oder der Empirie werden verschiedene Aussagen für die Erkenntnisgewinnung generiert. Der gewählte theoretische Zugriff sowie die empirische Vorgehensweise (quantitativ
oder qualitativ) bestimmen, ob der Forschende deskriptive, explikative, präskriptive oder normative Aussagen formulieren kann
(vgl. Kapitel 4 «Vermittlung wissenschaftlicher Erkenntnis»). Die
Aussagen handeln von Dingen, die noch niemand gesagt hat oder
von Tatsachen, die zwar bereits bekannt sind, nun aber unter
einem neuen Blickwinkel betrachtet werden.

Je nachdem, welche Absicht der Forschende mit seiner Arbeit
verfolgt (Forschungsfrage und Forschungsziel; vgl. 6.5 «Forschungsfrage» und 3.1.2 «Forschungsziel»), formuliert er unterschiedliche Aussagen. Die Aussagen können Thesen zur weiteren
empirischen Überprüfung oder Gestaltungsempfehlungen sein
(vgl. 4.5 «Thesen und Gestaltungsempfehlungen»). Wobei in
einer Arbeit beide Aussageformen vorkommen können.

Mit der Formulierung von Aussagen für die Erkenntnisgewinnung leistet der Forschende einen selbständigen (originären) For-
schungsbeitrag.

6. *Bestehende theoretische Erkenntnisse erweitern und/oder neue Frameworks beziehungsweise Modelle bilden:* Aufgrund der gewonnenen Erkenntnisse können bestehende theoretische Erkenntnisse erweitert oder sogar neue Frameworks beziehungsweise Modelle gebildet werden. Auf der Stufe Seminar-, Semester- und Diplomarbeit wird dies in der Regel nicht erwartet. Falls ein neues Framework respektive Modell gebildet werden soll, muss unbedingt mit der Betreuungsperson Kontakt aufgenommen werden. Dies deshalb, weil das Erarbeiten eines neuen Frameworks oder Modells sehr schwierig und aufwendig ist.

7. *Erkenntnisse zusammenfassen und kritisch würdigen:* Anschliessend werden die wichtigsten Erkenntnisse – ausgerichtet auf die Forschungsfrage – zusammengefasst und kritisch gewürdigt (vgl. 5.6 «Literaturauswertung»).

8. *Forschungsfrage, Forschungsziel und Forschungsmethode diskutieren und kritisch würdigen:* Ebenfalls ist die Forschungsfrage, das Forschungsziel und die Forschungsmethode der Arbeit aufgrund der gewonnenen Erfahrung kritisch zu hinterfragen, um damit die Bedeutung, aber auch die Grenzen der erzielten Forschungsergebnisse aufzuzeigen. In erster Linie geht es darum, die folgenden Fragen zu klären:
   - Wird die Forschungsfrage beantwortet?
   - Wird das Forschungsziel erreicht? Bin ich «schuld», dass ich das gesetzte Ziel nicht erreicht habe oder war das Ziel grundsätzlich nicht erreichbar? Auf alle Fälle muss man sein «Versagen» begründen; auch dies ist eine Erkenntnis.
   - Ist die Forschungsmethode (theoretischer Zugriff, empirische Vorgehensweise) geeignet?

9. *Ausblick festhalten:* Häufig wird in der Schlussbetrachtung ein Ausblick auf weitere Forschungsmöglichkeiten und Untersuchungsbereiche vorgenommen.

7.3   Überprüfungsphase (Kontrollieren)

Bevor man eine Arbeit abgibt, sollte diese anhand spezifischer Kriterien auf Inhalt, Sprache und Form geprüft werden. Die Überprüfung soll sicherstellen, dass die Forschungsarbeit den wissenschaftlichen Massstäben genügt (vgl. Kapitel 10 «Verfassen einer wissenschaftlichen Arbeit» und Kapitel 11 «Schlusskontrolle»). Damit erspart man sich einen langwierigen Überarbeitungsprozess oder – im Falle einer Diplomarbeit – gar die Ablehnung der Arbeit.

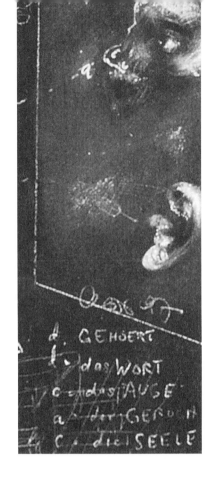

d. GEHOERT

b. das WORT

c. das AUGE

a. der GERUCH

c. die SEELE

Kapitel 8

Struktur einer Forschungsarbeit

Wie bereits erwähnt, lässt sich der Aufbau einer Arbeit (Struktur) zum Teil direkt vom Ablauf der Arbeit (vgl. Kapitel 7 «Wissenschaftlicher Problemlösungsprozess») ableiten.[1]

8.1 Einleitung

Die Einleitung sollte den Leser zum Thema der Arbeit hinführen. Einzelne Teile der Disposition (vgl. 7.1 «Planungsphase (Disposition erstellen)») können dabei fast unverändert in die Einleitung der Forschungsarbeit übernommen werden (vgl. ▶ Abb. 15):

1. *Problemstellung:* In der Problemstellung wird das ausgewählte Problem aus dem Interessengebiet beschrieben. Zudem muss die Wahl der Problemstellung beziehungsweise des Forschungsobjektes begründet werden.

2. *Forschungsfrage und Forschungsziel:* In diesem Punkt wird die Forschungsfrage und deren Bedeutung für die betriebswirtschaft-

---

1   Vergleiche dazu Haefner 2000, S. 108 ff.; Seidenspinner 1994, S. 110 ff.; Theisen 1998, S. 114 ff.

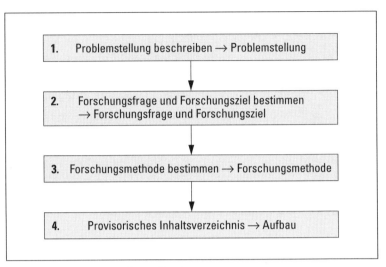

▲ Abb. 15　Einleitung (Quelle: eigene Darstellung)

liche Forschung geklärt. Zugleich wird das Forschungsziel der Arbeit festgehalten.

3. *Forschungsmethode:* Abgeleitet von der Forschungsfrage und dem Forschungsziel wird das damit verbundene Vorgehen in der Theorie und Empirie (theoretischer Zugriff und empirische Vorgehensweise) erklärt. Denn nur, wenn nachvollziehbar bleibt, wie die Aussagen und Ergebnisse der Arbeit gewonnen wurden, halten diese dem wissenschaftlichen Kriterium der Überprüfbarkeit stand.

4. *Aufbau:* Basierend auf der Disposition stellt man den Aufbau der Forschungsarbeit kurz dar.[1]

Baut man die einzelnen Kapitel einer Forschungsarbeit jeweils gleich auf, so wirkt dies zuweilen etwas langweilig, hilft dem Leser aber, sich in der Arbeit zurechtzufinden, da er die Arbeit ja zum ersten Mal liest.

Die Einleitung wird erst nach Abschluss der Arbeit fertig gestellt, da sich Änderungen innerhalb der Forschungsarbeit auf den Inhalt der Einleitung auswirken.

1　Zum Aufbau der Arbeit zählen neben der Einführung und dem Haupt- und Schlussteil auch das Titelblatt, die Inhalts-, Abbildungs- und Tabellenverzeichnisse, das Literaturverzeichnis sowie die Zitierweise und die Leserführung (vgl. 10.3 «Formale Kriterien»).

8.2 Hauptteil

Der Hauptteil einer schriftlichen Forschungsarbeit umfasst zwingend einen theoretischen und allenfalls einen empirischen Teil.

- Im *theoretischen Teil* einer Forschungsarbeit erfolgt die systematische Auf- und Bearbeitung der Literatur und der Problemstellung.
- Im *empirischen Teil* wird die Festlegung, Vorbereitung und Durchführung der Empirie beschrieben. Weiter werden die Resultate der empirischen Untersuchung festgehalten. Zudem sollen auch Probleme bei der Empirie und offen gebliebene Fragen erwähnt werden.

Im Hauptteil einer wissenschaftlichen Arbeit müssen folgende Punkte behandelt werden (vgl. ▶ Abb. 16):

1. *Theoretischer Teil:*
   - *Stand der theoretischen und empirischen Forschung:* Der Stand der theoretischen und empirischen Forschung gibt einen Überblick über die zum Thema bestehende theoretische und empirische Literatur. Die wichtigsten Merkmale der ausgewählten Definitionen, Theorien, Modelle und Frameworks werden beschrieben und zusammengefasst. Zudem muss die bearbeitete Literatur im Hinblick auf die Forschungsfrage kritisch diskutiert werden.
   - *Positionierung der Forschungsfrage:* Im Anschluss an die Darlegung des Standes der theoretischen und empirischen Forschung kann die eigene Arbeit beziehungsweise die Forschungsfrage positioniert werden. Dabei soll aufgezeigt werden, an welche Aussagen die eigene Arbeit anknüpft.

2. *Empirischer Teil:* Wenn die Arbeit eine empirische Untersuchung enthält, wird diese hier beschrieben.

3. *Aussagen für die Erkenntnisgewinnung:* Basierend auf dem theoretischen und empirischen Teil werden nun Aussagen für die Erkenntnisgewinnung in Bezug auf die Forschungsfrage formuliert. Dabei ist stets zu beachten, dass die getroffenen Feststellungen und Schlussfolgerungen belegt und abgesichert sind.

4. *Erweiterung der bestehenden theoretischen Erkenntnisse und/oder Bildung neuer Frameworks beziehungsweise Modelle:* Werden die gewonnen Erkenntnisse genutzt, um bestehende theoretische Erkenntisse zu ergänzen oder um neue Frameworks und

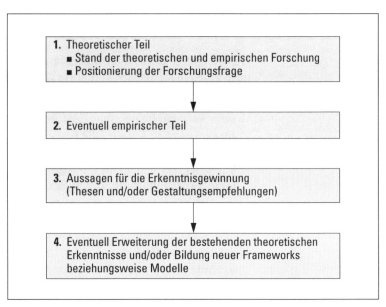

▲ Abb. 16   Hauptteil (Quelle: eigene Darstellung)

Modelle zu bilden, dann werden diese Erkenntnisse an dieser Stelle festgehalten.

8.3   Schlussteil

Im Schlussteil werden die wichtigsten Erkenntnisse zusammen-gefasst und kritisch gewürdigt. Ebenfalls kritisch hinterfragt werden muss die Entscheidung für die Forschungsfrage und die gewählte empirische Methode. Viele Arbeiten enden mit einem Hinweis auf weitere Forschungsmöglichkeiten oder interessante Untersuchungs-bereiche (vgl. ▶ Abb. 17).

1. *Zusammenfassung und Kritik:* In diesem Teil werden die wich-tigsten Ergebnisse der Arbeit für Theorie und Praxis verdeutlicht, hervorgehoben und anhand der gestellten Forschungsfrage kri-tisch beurteilt. Blosse Wiederholungen des Inhaltes der Arbeit sind nicht erwünscht. Vielmehr soll ein Feedback gegeben wer-den. Wird die Forschungsfrage beantwortet? Sind weitere For-schungsarbeiten nötig? Die Beziehungen der gewählten und bear-beiteten Theorien sollen aufgezeigt werden, das heisst, Konsisten-

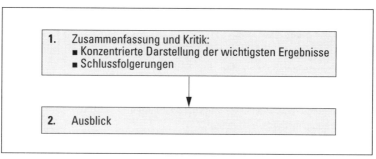

▲ Abb. 17   Schlussteil (Quelle: eigene Darstellung)

zen und Widersprüche müssen offen gelegt werden. Gleichzeitig werden Schlussfolgerungen abgeleitet. Die Zusammenfassung darf keine neuen Informationen beinhalten und auch nicht Fragen beantworten, die im übrigen Text nie gestellt wurden.

2. *Ausblick:* Häufig werden am Ende einer wissenschaftlichen Arbeit zukünftige Schwerpunkte und mögliche Weiterentwicklungen der behandelten Forschungsfrage aufgezeigt.

In ▶ Abb. 18 werden der Ablauf und der Aufbau einer wissenschaftlichen Arbeit in Form einer Checkliste stichwortartig zusammengefasst und einander gegenübergestellt.

Wissenschaftlicher Problemlösungsprozess (Ablauf der Arbeit; Prozess)	Struktur (Aufbau der Arbeit; Resultat des Prozesses)
1. Planungsphase ■ Problemstellung beschreiben ■ Theoretische und empirische Literatur suchen und «diagonal» lesen ■ Forschungsfrage und Forschungsziel bestimmen ■ Forschungsmethode bestimmen ■ Aufbau der Arbeit skizzieren ■ Provisorisches Inhalts- und Literaturverzeichnis erstellen ■ Disposition erstellen	
	1. Einleitung ■ Problemstellung ■ Forschungsfrage und Forschungsziel ■ Forschungsmethode ■ Aufbau

2. Erarbeitungsphase
■ Vertieft theoretische und empirische Literatur suchen und beschaffen
■ Theoretische und empirische Literatur aufgrund der Forschungsfrage analysieren
■ Theoretischer Teil erarbeiten und niederschreiben
  □ Begriffe definieren
  □ Stand der theoretischen und empirischen Forschung erfassen und kritisch würdigen
■ Eventuell empirischer Teil erarbeiten und niederschreiben
  □ Empirie festlegen und vorbereiten
  □ Daten erheben und auswerten
■ Basierend auf Theorie und/oder Empirie Aussagen für die Erkenntnisgewinnung formulieren
■ Eventuell bestehende theoretische Erkenntnisse erweitern und/oder neue Frameworks beziehungsweise Modelle bilden
■ Erkenntnisse zusammenfassen und kritisch würdigen
■ Forschungsfrage, Forschungsziel und Forschungsmethode diskutieren und kritisch würdigen
■ Ausblick festhalten
	2. Hauptteil
	■ Theoretischer Teil
	  □ Stand der theoretischen und empirischen Forschung
	  □ Positionierung der Forschungsfrage
	■ Eventuell empirischer Teil
	■ Aussagen für die Erkenntnisgewinnung (Thesen und/oder Gestaltungsempfehlungen)
	■ Eventuell Erweiterung der bestehenden theoretischen Erkenntnisse und/oder Bildung neuer Frameworks beziehungsweise Modelle

	3. Schlussteil
	■ Zusammenfassung und Kritik
	  □ Konzentrierte Darstellung der wichtigsten Ergebnisse
	  □ Schlussfolgerungen
	■ Ausblick

3. Überprüfungsphase ■ Inhaltliche Kriterien überprüfen ■ Sprachliche Kriterien überprüfen ■ Formale Kriterien überprüfen	

▲ Abb. 18   Ablauf und Aufbau einer Forschungsarbeit (Quelle: eigene Darstellung)

Kapitel 9
Ausgewählte empirische Methoden

In 7.2 «Erarbeitungsphase (Forschen)» wurden die wesentlichen Phasen eines empirischen Teils in einer Forschungsarbeit dargelegt. Hier werden nun ausgewählte empirische Methoden besprochen.[1]

Empirische Methoden dienen der Datenerhebung, -analyse und -interpretation. Zu den empirischen Methoden zählen beispielsweise Befragung, Beobachtung, Inhaltsanalyse oder (Einzel-)Fallstudie. Im Folgenden werden die Befragung und die (Einzel-)Fallstudie detaillierter vorgestellt, da diese in der Betriebswirtschaftslehre und speziell im Rahmen einer Seminar-, Semester- und Diplomarbeit die am häufigsten gewählten Methoden sind.[2]

---

1 Die folgenden Ausführungen basieren auf Atteslander 2000; Kromrey 2000 und Yin 1993;1994.
2 Für die anderen Erhebungsmethoden vergleiche Atteslander 2000; Kromrey 2000; Lamnek 1993; Mayring 1990 und Yin 1993; 1994.

9.1 Befragung

Bei einer Befragung fordert man eine Person auf, Auskunft zu erteilen über Tatsachen, die ihr bekannt sind. Oder man bittet eine Person, sich über Tatbestände zu äussern, wobei man annimmt, die befragte Person werde einen kompetenten beziehungsweise einen wesentlichen Beitrag zur Erkenntnisgewinnung leisten, indem sie etwas weiss oder indem sie eben gerade nichts weiss.

Befragungen sind aufgrund der anschliessenden Auswertung zeitaufwendig und deshalb nur für grössere Arbeiten empfehlenswert. Auch ist es oft schwierig, die entsprechenden Personen für die Befragung zu gewinnen.

Entschliesst man sich, eine Befragung durchzuführen, müssen folgende Punkte geklärt werden:

- Soll es sich um eine Voll- oder eine Teilerhebung handeln?
- Führe ich eine schriftliche oder eine mündliche Befragung durch?

9.1.1 Vollerhebung oder Teilerhebung (Sampling)?

Bevor man eine Befragung durchführt, muss man sich entscheiden, ob man die Grundgesamtheit, das heisst alle für die Beantwortung der Forschungsfrage relevanten beziehungsweise potenziellen Auskunftspersonen befragen will (Vollerhebung[1]) oder nur einen Teil davon (Teilerhebung). Untersucht man nur ein einzelnes Objekt, spricht man von einer Einzelfallstudie (vgl. 9.2 «Fallstudie»). Da eine Vollerhebung meist aus wirtschaftlichen (finanziellen), zeitlichen und organisatorischen Gründen nicht möglich oder nicht zweckmässig ist, werden beinahe alle Befragungen in der Form von Teilerhebungen durchgeführt.

Die gewonnenen Erkenntnisse und Aussagen über die untersuchte Teilmenge können auf die Grundgesamtheit übertragen werden. Allerdings ist dieser Rückschluss von der Teilmenge auf die Grundgesamtheit nur dann gerechtfertigt, wenn die Teilmenge ein getreues Abbild der Grundgesamtheit darstellt und zudem eine gewisse Grösse aufweist.

---

1   Um eine Vollerhebung handelt es sich beispielsweise bei einer Volkszählung.

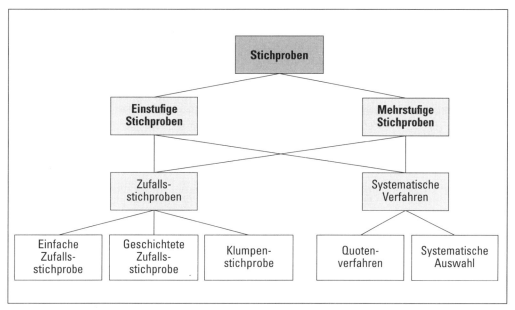

▲ Abb. 19   Stichproben (Quelle: Atteslander 2000, S. 291)

Die Auswahl der Teilmenge ist damit für die Aussagekraft einer Befragung ausschlaggebend und gleichzeitig schwierig. Sie kann grundsätzlich auf zwei Arten erfolgen (vgl. ◄ Abb. 19):

- durch eine Zufallsauswahl (Zufallsstichproben wie einfache Zufallsstichprobe, geschichtete Zufallsstichprobe und Klumpenstichprobe) oder
- durch eine gezielte beziehungsweise bewusste Auswahl (systematische Verfahren wie Quotenverfahren und systematische Auswahl).

9.1.1.1
Zufallsstichproben

Bei der Zufallsauswahl stehen die einfache und die geschichtete Zufallsstichprobe im Vordergrund. Bei der *einfachen Zufallsstichprobe* hat jede Person der Grundgesamtheit die gleiche Chance beziehungsweise Wahrscheinlichkeit, für die Teilmenge ausgewählt zu werden. Wichtig und nicht immer realisierbar ist, dass alle relevanten Auskunftspersonen (Grundgesamtheit) bekannt sein müssen (z. B. Adresslisten oder Karteikarten), damit sie mit einer Los- und Kennnummer bezeichnet werden können und mittels reiner Zufallsauswahl (Los) wählbar werden. Die einfache Zufallsstichprobe ist folglich nur anwendbar, wenn alle relevanten Auskunftspersonen bekannt sind und zudem die Grundgesamtheit homogen ist. Der Vorteil dieses Auswahlverfahrens ist, dass der Zufall bei der Auswahl der Personen vor systematischen Verzerrungen schützt, weil der Forschende keinen Einfluss auf sie nehmen kann.

Beispiel 22
Einfache
Zufallsstichprobe

Eine Gemeinde will abklären, wie die Gemeindemitglieder mit der öffentlichen Verwaltung zufrieden sind. Die Gemeinde will dazu aber nicht alle Gemeindemitglieder befragen, sondern nur eine Teilmenge. Da die Gemeinde ein Personenverzeichnis aller Gemeindemitglieder besitzt, kann sie mittels reiner Zufallsauswahl (Los) einzelne Personen auswählen und nur diese befragen.

Die *geschichtete Zufallsstichprobe* wird angewendet, wenn die Grundgesamtheit stark heterogen, das heisst deutlich geschichtet ist. Dabei wird die Grundgesamtheit in homogene Teilgesamtheiten (Schichten) unterteilt. Aus diesen Schichten wird mittels einfacher Zufallsauswahl (Los) eine Stichprobe gezogen. Die Schichtung kann nach demographischen, geographischen, soziologischen oder ökonomischen Merkmalen erfolgen.

Beispiel 23
Geschichtete
Zufallsstichprobe

Das Wählerverhalten bei politischen Abstimmungen unterscheidet sich traditionell sehr stark in der Stadt und auf dem Land. Deshalb wird die heterogene Grundgesamtheit in zwei homogene Teilgesamtheiten, die Stadt- und die Landbevölkerung, aufgeteilt. Innerhalb dieser Schichten werden dann einzelne Personen mittels einfacher Zufallsauswahl (Los) bestimmt und befragt. Diese Vorgehensweise erlaubt genauere Aussagen über die Stadt- und Landbevölkerung, da die beiden Teilgesamtheiten getrennt betrachtet werden.

9.1.1.2
Systematische
Stichproben

Bei der gezielten oder bewussten Auswahl unterscheidet man das Quotenverfahren und die systematische Auswahl. Beim *Quotenverfahren* wird die Grundgesamtheit prozentual nach jenen Merkmalen gegliedert, die für die Forschungsfrage als relevant angenommen werden. Als Quotenmerkmale bieten sich soziodemographische Merkmale wie Alter, Geschlecht und Beruf an. Die Teilmenge wird dann nach den gleichen prozentualen Anteilen wie die Grundgesamtheit gegliedert. Dabei kann der Interviewer frei wählen, welche konkreten Personen er befragen will, solange die Quotanteile erfüllt sind. Es handelt sich hier also nicht um eine reine Zufallsauswahl, denn der Forschende muss sich an die vorgegebenen Quotenmerkmale und -anteile halten.

Beispiel 24
Quotenverfahren

In einer Umfrage des Schweizer Fernsehens DRS soll festgestellt werden, welcher Teil der Schweizer Bevölkerung regelmässig den Fernsehsender SF 1 einschaltet. Da nur mit sehr grossem finanziellem Aufwand die gesamte Schweizer Bevölkerung befragt werden kann, will man nur einen Teil der Grundgesamtheit befragen. Damit die gewonnenen Erkenntnisse der Teilmenge auf die Grundgesamtheit zutreffen, muss die Teilmenge ein getreues Abbild der Grundgesamtheit sein. Dazu unterteilt man die Grundgesamtheit anhand verschiedener Kriterien in Prozentanteile. Beispielsweise unterteilt man die Schweizer Bevölkerung nach dem Geschlecht in männlich (49%) und weiblich (51%) (fiktive Zahlen). Die Teilmenge muss sich nun genau wie die Grundgesamtheit aus 49% Männer und 51% Frauen zusammensetzen. Analog kann die Schweizer Bevölkerung in verschiedene Alterskategorien unterteilt werden, deren prozentuale Anteile sich auch in der Teilmenge widerspiegeln. Die Auswahl der Männer und Frauen, die konkret befragt werden sollen, kann dann beispielsweise nach der einfachen Zufallsauswahl erfolgen.

Bei der *systematischen Auswahl* müssen alle relevanten Auskunftspersonen bekannt sein, indem sie in Listen oder Karteien erfasst und nummeriert sind. Ausgehend von einem zufällig ausgewählten Merkmalsträger (x) können nun die weiteren Auskunftspersonen nach einem vorgegebenen Muster ausgewählt werden (z.B. jeder dreissigste Eintrag: x, x + [1 · 30], x + [2 · 30], …).

Beispiel 25
Systematische
Auswahl

Die Universität Zürich will wissen, wie zufrieden die Studierenden mit der Mensa sind. Da alle Studierenden immatrikuliert sind, ist die Grundgesamtheit bekannt. Es ist aber viel zu aufwendig und nicht sinnvoll, alle Studierenden zu befragen. Ausgehend von einem zufällig ausgewählten Studierenden kann man nach einem vorgegebenen Muster (z.B. im alphabetischen Verzeichnis jede zehnte Person) so viele Studierende auswählen und befragen, wie erforderlich sind, um repräsentative Informationen zu erhalten.

Eine weitere Form der systematischen Stichproben ist das *Experteninterview*. Dabei befragt der Forschende Personen, die für das Forschungsziel als Experten gelten. Das Experteninterview findet in der Regel in der Form eines relativ offenen Gesprächs (so genanntes teilstrukturiertes Interview) entlang eines Leitfadens statt (vgl. 9.1.4 «Standardisiertes und nicht standardisiertes Interview»).

9.1.2
Schriftliche
oder mündliche
Befragung?

Grundsätzlich gibt es schriftliche (auch elektronische) und mündliche (auch telefonische) Befragungen.

Bei der *schriftlichen* Befragung wird den Befragten ein Fragebogen zum selbständigen Ausfüllen zugeschickt. Eine schriftliche Befragung bietet den Vorteil, dass sich die Befragten genügend Zeit nehmen können, um sich mit den Fragen auseinander zu setzen, und die Einflüsse des Interviewers wiegen weniger schwer. Eine schriftliche Befragung hat aber auch Nachteile. Da die befragte Person bei Unklarheiten keinen Interviewer um Hilfe bitten kann, müssen die Fragen unbedingt verständlich sein – komplizierte Tatbestände können deshalb mit einer schriftlichen Befragung kaum erfasst werden. Auch ist die Rücklaufquote oft gering: Senden 20% der befragten Personen ihren Fragebogen zurück, spricht man bereits von einem Erfolg. Durch die geringe Rücklaufquote sinkt die Repräsentativität einer Umfrage erheblich. Zudem verstreicht oft viel Zeit, bis die Fragebogen zurückgesandt werden. Es ist auch nicht auszuschliessen, dass andere Personen beim Ausfüllen des Fragebogens auf die Zielperson Einfluss nehmen oder sie sogar ersetzen. Die schriftliche Befragung ist im Vergleich zur mündlichen Befragung relativ billig.

Bei einer *mündlichen* Befragung steht der Interviewer in persönlichem Kontakt mit den befragten Personen. Anders als bei einer schriftlichen Befragung wird bei dieser Form der Datenerhebung die Repräsentativität nicht so stark durch die Rücklaufquote beeinträchtigt, denn erfahrungsgemäss liegt die Antworthäufigkeit einer mündlichen Befragung bei ca. 90%. Ein weiterer Vorteil der mündlichen Befragung besteht darin, dass die Identität der befragten Personen feststellbar ist und unklare Fragen sogleich erklärt werden können. Zudem sind Spontanantworten möglich, und die befragten Personen können beobachtet werden, sodass die Mimik und Gestik in die Beurteilung der Antworten einfliessen können. Nachteilig wirkt sich möglicherweise der Einfluss des Interviewers auf die befragten Personen aus. Auch ist eine mündliche Befragung relativ teuer.

Eine spezielle Form der mündlichen Befragung ist das *Telefoninterview*. Es ist eine sehr schnelle Methode der Datengewinnung. Mittels telefonischem Interview können Personen befragt werden, die bei einer schriftlichen Befragung nicht reagieren und den Fragebogen nicht beantworten. Negativ ist, dass bei einem telefonischen Interview nur kurze und einfache Fragen gestellt werden können, und dass diese Art der Befragung von den befragten Personen oft als lästig empfunden und deshalb eine Teilnahme verweigert wird. Zudem ist nicht zweifelsfrei feststellbar, welche Person antwortet. Auch der Einfluss des Interviewers ist zum Teil sehr hoch.

Unabhängig davon, ob man eine Voll- oder eine Teilerhebung beziehungsweise eine schriftliche oder eine mündliche Befragung

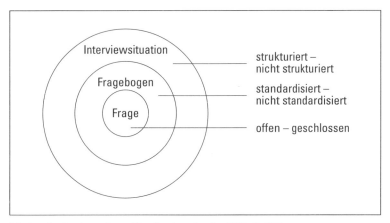

▲ Abb. 20   Merkmale des Interviews (Quelle: Atteslander 2000, S. 158)

durchführen will, muss der Forschende folgende Entscheidungen treffen (vgl. ◄ Abb. 20):

- Wähle ich eine stark strukturierte oder eine wenig strukturierte Interviewsituation?
- Wähle ich einen standardisierten oder einen nicht standardisierten Fragebogen?
- Wähle ich offene oder geschlossene Fragen?

9.1.3
Stark strukturierte
und wenig
strukturierte
Interviewsituation

Bei einer *stark strukturierten* Interviewsituation arbeitet der Forschende mit einem Fragebogen, das heisst, Inhalt, Anzahl und Reihenfolge der Fragen sind vorgegeben. Ein Fragebogen schränkt deshalb den Spielraum des Forschenden und der befragten Person stark ein. Zudem ist bei einer stark strukturierten Interviewsituation das Ziel der Befragung klar vorgegeben. Der Forschende will qualitative Aspekte erfassen und messen, das heisst, er strebt präzise Ergebnisse an, die er anschliessend quantitativ auswerten kann.

Beispiel 26
Strukturierte
Interviewsituation

Das Ziel einer Befragung in einer strukturierten Interviewsituation ist es beispielsweise herauszufinden, wie viele Schweizer in multinationalen Unternehmungen tätig sind.

Bei einer *wenig strukturierten* Interviewsituation arbeitet der Forschende ohne Fragebogen, sondern mit einem Leitfaden. Der Forschende passt seine Fragen (Inhalt, Reihenfolge) den Aussagen seines Interviewpartners an. Seine Reaktionsmöglichkeiten sind hoch und die Gesprächsführung dadurch sehr flexibel. Die Fragen des Forschenden ergeben sich mehrheitlich aus den Antworten der befragten Person. Bei einer wenig strukturierten Interviewsituation ist dem Forschenden das genaue Ziel seiner Befragung nicht klar. Der Forschende will neue Gesichtspunkte gewinnen, indem er den Erfahrungsbereich der befragten Person erkundet und Sinnzusammenhänge beziehungsweise die Meinungsstruktur des Befragten erfasst. Er hört deshalb hauptsächlich den Erläuterungen seines Interviewpartners zu. Der Forschende will anhand eines wenig strukturierten Interviews qualitative Aspekte erfassen und interpretieren.

Beispiel 27
Nicht strukturierte
Interviewsituation

Das Ziel einer Befragung in einer wenig strukturierten Interviewsituation ist es beispielsweise herausfinden, welche Meinung die Schweizer zur Globalisierung haben.

Eine spezielle Form des wenig strukturierten Interviews ist das *narrative Interview*. Beim narrativen Interview wird normalerweise weder ein Fragebogen noch ein Leitfaden verwendet. Es eignet sich insbesondere bei neuen Problemstellungen, wenn Sichtweisen und Handlungen der befragten Personen erkundet werden müssen. Die Aufgabe des Interviewers besteht in der Hauptsache darin, Stimuli für das Gespräch zu geben. Ansonsten soll er sich zurückhalten und lediglich Präzisierungen oder Wiederholungen des Gesagten verlangen. Anhand eines narrativen Interviews will der Forschende qualitative Aspekte erfassen und interpretieren. Das Durchführen eines solchen Interviews erfordert seitens des Interviewers viel Erfahrung. Zudem ist die Auswertung und Interpretation der erhobenen qualitativen Daten sehr schwierig und aufwendig.

Je nachdem, ob der Forschende sich für eine stark strukturierte oder eine wenig strukturierte Interviewsituation entschieden hat, unterscheiden sich Auswertung und Interpretation der erhobenen Daten. Bei einer stark strukturierten Interviewsituation erfolgen sowohl die Auswertung als auch die Interpretation meist quantitativ anhand einer Skala. Bei einer wenig strukturierten Interviewsituation müssen die Daten zuerst kodiert werden, um sie anschliessend auszuwerten und zu interpretieren (vgl. 9.1.5 «Offene und geschlossene Fragen»). Die Auswertung einer qualitativen Erhebungsmethode kann qualitativ oder quantitativ erfolgen.

9.1.4 Standardisiertes und nicht standardisiertes Interview

Das *standardisierte Interview* basiert auf einem Fragebogen[1], der die Frageformulierung, die Fragefolge und die Antwortkategorien ganz oder grösstenteils festlegt beziehungsweise vorgibt.

Beim *nicht standardisierten* Interview kann der Interviewer die Abfolge der Fragen frei wählen, das heisst, er kann die Fragefolge so festlegen, wie es ihm für das Erreichen des Befragungsziels und damit zur Beantwortung der Forschungsfrage am adäquatesten erscheint. Auch sind die Antwortkategorien nicht vorgegeben.

9.1.5 Offene und geschlossene Fragen

Bei *offenen* Fragen überlässt der Interviewer die Formulierung der Antworten dem Befragten, das heisst, die befragte Person verfügt über einen grossen Spielraum. Der Interviewer notiert die Antworten des Befragten so genau wie möglich. Die Auswertung der Antworten erfolgt erst später.

Bei *geschlossenen* Fragen wird dem Befragten eine mögliche Auswahl von Antworten vorgegeben. Die befragte Person wählt dann die zutreffendste Antwort aus. Da bei geschlossenen Fragen die Antwortkategorien vorgegeben sind, ist eine spätere Auswertung der Antworten in der Regel einfacher als bei offenen Fragen. Zudem lassen sich die erhaltenen Antworten besser vergleichen.

Je nachdem, ob die Befragung auf offenen oder auf geschlossenen Fragen basiert, ist eine qualitative (offene Fragen) oder quantitative (geschlossene Fragen) Auswertung möglich.

Bei geschlossenen Fragen wird häufig mit so genannten Skalierungsverfahren gearbeitet. «*Skalierungsverfahren* sind Verfahren, die verschiedene *Dimensionen qualitativ* erfassen und anhand von *Skalen quantitativ messen* und darstellen sollen»[2]. Man unterscheidet zwischen:

- Nominalskalen (z.B. Geschlecht: männlich/weiblich),
- Ordinalskalen (z.B. Schulnoten: 4, 4–5),
- Intervallskalen (z.B. Temperatur: 25.5°) und
- Verhältnisskalen (auch Ratioskalen, z.B. Zeit: 13.45 Uhr).

Sowohl bei der Datenerhebung wie auch bei der Datenauswertung mittels der verschiedenen Skalierungsverfahren muss die Frage nach der Zuverlässigkeit (Reliabilität) und der Gültigkeit (Validität) der

---

1 Der Begriff des Fragebogens umfasst sowohl schriftlich als auch mündlich gestaltete Fragenkataloge.
2 Atteslander 2000, S. 239; Hervorhebungen im Original.

Daten gestellt werden. Bei der *Zuverlässigkeit* wird die Brauchbarkeit des wissenschaftlichen Instrumentes beurteilt. Ein Erhebungsinstrument gilt dann als brauchbar und zuverlässig, wenn es bei mehrmaliger Anwendung unter gleichen Bedingungen immer zum gleichen Ergebnis führt. Bei der *Gültigkeit* geht es um die Frage, ob das eingesetzte Erhebungsinstrument auch tatsächlich die Variable misst, die es zu messen vorgibt. Das Kriterium der Gültigkeit ist erfüllt, wenn man tatsächlich das misst, was man messen will.

Bei der Auswertung von offenen Fragen müssen die Antworten zuerst kodiert werden. Dazu benötigt man ein Kategoriensystem. Dieses muss unter anderem folgende Bedingungen erfüllen:[1]

- Das Kategoriensystem muss theoretisch fundiert sein.
- Die Kategorien des Kategoriensystems müssen voneinander unabhängig sein und dem gewählten Framework oder Modell entsprechen.
- Jede Kategorie muss eindeutig definiert sein.

Auf der Basis des bestimmten Kategoriensystems erfolgt dann die Verschlüsselung respektive Kodierung der erhobenen Daten für die Auswertung.

9.2   Fallstudie

Eine Fallstudie ist eine empirische Untersuchung einer realen Problemstellung. Dabei gilt, dass die Problemstellung ohne die Berücksichtigung der internen und externen Rahmenbedingungen des Forschungsobjekts nur unvollständig erfasst werden kann.

Beispiel 28
Fallstudie

Die Erfahrung zeigt, dass sich die Frage der Besetzung von Kaderstellen in multinationalen Unternehmungen kaum von der Unternehmungskultur (interne Rahmenbedingung) und vom kulturellen Kontext einer Unternehmung (externe Rahmenbedingungen) trennen lässt. Dies deshalb, weil die vorherrschenden Werte und Normen eines Landes zumindest teilweise in die Unternehmungskultur einfliessen.

Eine Fallstudie ist die geeignete empirische Vorgehensweise, wenn man eine Problemstellung beziehungsweise ein Thema möglichst

---

1   Vergleiche für weitere Bedingungen Atteslander 2000, S. 212.

umfassend bearbeiten will. Dazu werden einzelne Fälle meistens über einen längeren Zeitraum beobachtet, beschrieben und analysiert.

Eine Fallstudie ist die geeignete Forschungsmethode,

- um komplexe Problemstellungen zu erfassen,
- um (mögliche) Eingriffe in die Realität und damit auch Veränderungen der Wirklichkeit zu erklären und
- um komplexe Theoriezusammenhänge zu illustrieren.

Beispiel 28 (Forts.)
Fallstudie

Das vom Forscher gewählte Thema (und die präzisierte Forschungsfrage) fokussiert die Frage der Besetzung von Kaderstellen in multinationalen Unternehmungen.

Jedes Land verfügt über eine eigene Kultur. Unternehmungen, die in verschiedenen Ländern wirtschaftlich tätig sind, sind also unterschiedlichen kulturellen Rahmenbedingungen ausgesetzt. Für eine Unternehmung stellt sich die Frage, inwiefern sie auf die spezifischen kulturellen Gegebenheiten eines Landes eingehen will beziehungsweise sich dem kulturellen Kontext anpasst. Dies zeigt sich auch bei Personalentscheidungen wie der Besetzung von Kaderstellen. Man kann daher keine klare Grenze zwischen der Problemstellung «Kaderbesetzung» und dem kulturellen Umfeld ziehen.

Das Anforderungsprofil an die Mitarbeiter kann die fachlichen Qualifikationen in den Vordergrund stellen oder gleichzeitig auch die Sozialkompetenz des Mitarbeiters betonen, das heisst, zukünftige Mitarbeiter werden vor allem im Hinblick auf ihr neues Arbeitsumfeld ausgewählt. So wird nicht mehr grundsätzlich die qualifizierteste Person eingestellt, sondern diejenige Person, die für die entsprechenden kulturellen Rahmenbedingungen voraussichtlich am besten geeignet ist. Auf die Personalbeschaffung wirkt sich dies insofern aus, als eine Unternehmung in Assessments[1] nicht mehr nur die fachlichen Fähigkeiten der potenziellen Mitarbeiter testen wird, sondern vermehrt auch «kulturelle Offenheit» voraussetzt.

Für diese Problemstellung «Kaderbesetzung in multinationalen Unternehmungen» eignet sich die Fallstudie,

- weil der Einfluss der Kultur eines Landes auf die Menschen und damit auf die Mitarbeiter einer Unternehmung sehr komplex ist und damit beispielsweise in einer Befragung nur unvollständig erfasst werden kann,
- weil in einer Fallstudie die Möglichkeiten und Grenzen unternehmerischer Eingriffe in die Kultur eines Landes aufgezeigt werden können, das heisst, wo und wie stark darf und soll eine Unternehmung in den kulturellen Kontext eingreifen und diesen verändern, und

---

1 Assessments dienen der Personalbeurteilung, -auswahl und -weiterentwicklung. Mit verschiedenen ausgewählten Massnahmen (z.B. Präsentation, Rollenspiel, Gruppendiskussion) soll das Potenzial eines (zukünftigen) Mitarbeiters erfasst werden. (Vergleiche Gaugler und Weber 1992, Sp. 759, 1177.)

- weil anhand einer Fallstudie theoretische Zusammenhänge zwischen Perso-
nalbeschaffungsmodellen und soziokulturellen Ansätzen illustriert und zu
einem Framework zusammengebracht werden können.

Die Problemstellung in einer multinationalen Unternehmung ist insofern umfassend, als verschiedene theoretische Zugriffe dieses Problem beleuchten können
und sowohl interne als auch externe Faktoren bei der Lösungsfindung berücksichtigt werden müssen.

Entscheidet sich der Forschende für die Durchführung einer Fallstudie, muss er vor Beginn folgende Fragen klären:

- Erarbeite ich eine Einzelfallstudie oder eine multiple Fallstudie?
- Erarbeite ich eine eingebettete oder eine holistische Fallstudie?

9.2.1
Einzelfallstudie und
multiple Fallstudie

Eine Fallstudie kann auf einem einzelnen Fall (Einzelfallstudie) oder
auf mehreren Fällen (multiple Fallstudie) basieren.

Eine *Einzelfallstudie* wird vor allem bei komplexen Problemstellungen durchgeführt. Komplexe Problemstellungen sind bereits
so umfassend, dass sie nur mit einem sehr grossem Aufwand seriös
aufgearbeitet werden können, weil die Beschaffung der wichtigen
(Detail-)Informationen oft sehr schwierig ist.

Eine *multiple Fallstudienanalyse* ist zweckmässig, wenn das Ziel
der Forschung ein Vergleich zwischen zwei oder mehreren Fällen
(z.B. ein Vergleich zwischen den Unternehmungen Coca-Cola und
Pepsi oder ein Vergleich zwischen verschiedenen Unternehmungen
der gleichen Branche) ist.

9.2.2
Eingebettete und
holistische
Fallstudie

Man kann zwei grundsätzliche Fallstudientypen unterscheiden, die
eingebettete und die holistische Fallstudie.

Während man sich bei einer *eingebetteten* Fallstudie auf die Analyse einzelner Einheiten eines Ganzen konzentriert, betrachtet man bei
einer *holistischen* Fallstudie alle Einheiten zusammen als Gesamtes.

Beispiel 1 (Forts.)
Shell

Bereits verschiedentlich zeigte sich, dass sich die einzelnen Ländergesellschaften der Unternehmung Shell in Umweltfragen unterschiedlich verhalten. Besonders offensichtlich war dies im Fall Brent Spar zwischen den beiden Ländergesellschaften Shell UK und Shell Germany. Anhand einer Fallstudie kann nach
den Gründen für dieses unterschiedliche Verhalten gesucht werden.

Bei einer eingebetteten Fallstudie würde man sich bei der Analyse des unterschiedlichen Verhaltens in Umweltfragen beispielsweise auf die Einheiten Shell
UK und Shell Germany konzentrieren. Die Studie würde aufzeigen, dass die bei-

den Ländergesellschaften aufgrund der unterschiedlichen Werthaltungen im jeweiligen Land (England resp. Deutschland) unterschiedliche Praktiken haben, mit Umweltfragen umzugehen. Die Konsequenz für Shell wäre, Shell UK und Shell Germany zu einer verbesserten Koordination und zur gegenseitigen Absprache zu bewegen, um ein gemeinsames Auftreten nach Aussen zu garantieren.

Bei einer holistischen Fallstudie würde man nicht nur die beiden betroffenen Ländergesellschaften Shell UK und Shell Germany analysieren, sondern alle Ländergesellschaften und zugleich die Unternehmung Shell als Ganzes. Insbesondere wären die Interaktionen zwischen den einzelnen Ländergesellschaften sowie die jeweiligen Beziehungen zu den Headquartern London und Den Haag Gegenstand der Untersuchung. Die Studie würde dann nicht nur die unterschiedlichen Werthaltungen zwischen Shell UK und Shell Germany offenlegen, sondern auch, dass Shell aufgrund ihrer starken Dezentralisierung über ein uneinheitliches Auftreten in Umweltfragen in sämtlichen Ländern ihrer Ländergesellschaften verfügt. Die Konsequenz für Shell wäre, eine stärkere Koordination und Integration aller Ländergesellschaften zu fördern. Damit würde Shell erreichen, dass die Unternehmung als Ganzes einheitlicher in der Öffentlichkeit auftritt.

NOAH LEBTE
SCHON IN
EINER
BÖSEN
ZEIT DIE
MENSCHEN
HATTEN
DES HERRN
NIMALS
GOTTES
VERGESSEN

GOTT BESCHLOSS
WASSER FLUT

GENESIS II
ADAM ET EVA
lapsus

Kapitel 10
Verfassen einer wissenschaftlichen Arbeit

Kruse definiert «Wissenschaft» beziehungsweise «Wissenschaftlich-keit» wie folgt: «Wissenschaft und wissenschaftliches Denken beginnen dort, wo ich bereit bin, meinem eigenen Denken zu trauen, es zu explizieren, auf die Meinungen anderer zu beziehen und seine Resultate in den wissenschaftlichen Diskurs einzubringen»[1].

Ein häufiges Problem bei der Erstellung von Seminar-, Semester-und Diplomarbeiten ist der wissenschaftliche Schreibstil. Damit ein Schreibstil als wissenschaftlich gilt, muss er verschiedene inhaltliche, sprachliche und formale Kriterien erfüllen.[2]

---

1 Kruse 2000, S. 72.
2 Vergleiche dazu Bänsch 1999, S. 18ff.; Booth, Colomb und Williams 1995, S. 85ff.; Franck 1998, S. 110ff.; Haefner 2000, S. 70ff.; Kruse 2000, S. 71ff.; Seidenspinner 1994, S. 77ff.

10.1 Inhaltliche Kriterien

Wichtige inhaltliche Kriterien beim Schreiben einer Forschungsarbeit sind:

- Übersichtlichkeit,
- Knappheit und Vollständigkeit,
- Begrifffestlegung und Kohärenz des Begriffsystems,
- Konsistenz der Argumentation und
- Offenlegung der Quellen.

10.1.1
Übersichtlichkeit

Eine wissenschaftliche Arbeit muss übersichtlich strukturiert sein.
Dabei kann zwischen einer äusseren und einer inneren Textstruktur
unterschieden werden.

Die *äussere Struktur* umfasst den formalen Aufbau und die
Darstellung beziehungsweise Formatierung des Textes (vgl. 10.3
«Formale Kriterien»).

Die *innere Struktur* dient der Gedankenführung des Lesers. Wichtig ist, dass die Arbeit einen so genannten «roten Faden» aufweist.
Die Voraussetzung hierzu ist, dass die einzelnen Argumente der Forschungsarbeit aufeinander aufbauen und logisch verknüpft werden
(Darstellungslogik), indem die Systematik des Vorgehens dargestellt
und begründet wird. Auch kurze Überleitungen zwischen den einzelnen Kapiteln und gezielt eingesetzte Wiederholungen verbessern die
innere Struktur eines Textes.

10.1.2
Knappheit und
Vollständigkeit

Ein häufig begangener Fehler in wissenschaftlichen Arbeiten ist die
Weitschweifigkeit. Gute wissenschaftliche Texte zeichnen sich durch
kurze präzise Formulierungen der Haupterkenntnisse aus. Nicht Ge-
samtdarstellungen der bearbeiteten Literatur sind erwünscht, sondern strukturierte knappe Darstellungen, die notwendig sind, um die
Argumentationen zu verstehen. Was nicht der Beantwortung der Forschungsfrage dient, ist zu eliminieren oder allenfalls in eine Fussnote
zu «verbannen». Jeder Satz sollte ein notwendiger Satz sein.

Ein zweiter, ebenso häufig begangener Fehler ist, dass Gedanken-
gänge nur lückenhaft dargelegt und wichtige Informationen vergessen oder sogar bewusst weggelassen werden. Wichtig ist hier das
stetige Bewusstsein, dass man nicht für einen Experten schreibt, son-

dern für einen interessierten Laien. Dazu gehört auch Folgendes: Einzelne Überlegungen und theoretische Zusammenhänge werden im Lauf der Forschungsarbeit zur Selbstverständlichkeit und scheinen nicht mehr erwähnenswert. Dennoch müssen sie dargelegt werden. Ansonsten ist es dem Leser einer Arbeit nicht oder nur schwer möglich, den Argumentationen zu folgen und den Inhalt der Arbeit zu verstehen.

Damit eine wissenschaftliche Arbeit vollständig ist, müssen die folgenden Aspekte behandelt werden (vgl. Kapitel 8 «Struktur einer Forschungsarbeit»):

- Problemstellung,
- Forschungsfrage, Forschungsziel und Forschungsmethode,
- Definition der wichtigsten Begriffe,
- Stand der theoretischen und empirischen Forschung,
- Aussagen für die Erkenntnisgewinnung,
- Diskussion, Kritik und Ergänzung des bisherigen Standes der theoretischen und empirischen Forschung,
- Zusammenfassung.

10.1.3 Begrifffestlegung und Kohärenz des Begriffsystems

Die in einer wissenschaftlichen Arbeit verwendeten (Schlüssel-) Begriffe müssen zwingend erklärt und definiert werden. Dies, weil viele Begriffe je nach wissenschaftlicher Disziplin und selbst innerhalb eines Fachgebietes uneinheitlich verwendet werden. Zudem werden gewisse Begriffe im allgemeinen Sprachgebrauch (zu) undifferenziert benutzt.

Bevor man sich jeweils für eine Begriffsdefinition entscheidet, werden in der Regel verschiedene Definitionen vorgestellt und die Unterschiede herausgearbeitet. Welche Begriffsdefinition schliesslich gewählt wird, ist dem Forschenden freigestellt. Allerdings muss die Wahl beziehungsweise die Zweckmässigkeit der Begriffsverwendung innerhalb der Arbeit begründet werden. In der Arbeit selbst sind die Begriffe in der Folge einheitlich zu verwenden.

10.1.4 Konsistenz der Argumentation

In einer wissenschaftlichen Arbeit genügt es selten, nur eine Meinung darzustellen. Vielmehr wird eine differenzierte Abhandlung verschiedener Ansichten erwartet. Schliesslich ist die eigene Position darzustellen und zu begründen. Setzt man sich mit verschiede-

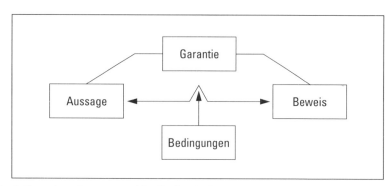

▲ Abb. 21   Aufbau eines Argumentes (Quelle: Booth, Colomb und Williams 1995, S. 142)

nen Alternativen auseinander, sollte verhindert werden, dass in der Argumentation selber Widersprüche enthalten sind.

Eine wissenschaftliche Arbeit zeichnet sich folglich durch eine in sich konsistente Argumentationslogik aus. Dabei gilt, dass sowohl das einzelne Argument an sich als auch die einzelnen Argumente im Zusammenhang logisch aufgebaut und verknüpft werden müssen.

Analysiert man ein einzelnes Argument, so zeichnet sich dieses durch vier Elemente aus (vgl. ◀ Abb. 21):

- die Aussage an sich,
- der Beweis, der die Aussage stützt,
- die Garantie, dass Aussage und Beweis miteinander verbunden sind, sowie
- die Bedingungen, unter denen Aussage und Beweis gültig sind.

10.1.4.1
Aussage

Das erste Element eines Argumentes ist die Aussage an sich. Aussagen (vgl. Kapitel 4 «Vermittlung wissenschaftlicher Erkenntnis») sind zentrale Bestandteile einer wissenschaftlichen Arbeit. Wichtig ist, dass die Aussagen für die Beantwortung der Forschungsfrage von Bedeutung sind und gleichzeitig das Interesse des Lesers wecken. Selbstverständlich müssen die Aussagen klar und gut strukturiert formuliert werden.

Beispiel 29
Argumentationslogik

Eine hohe «corporate financial performance» führt zu einer hohen «corporate social performance».

Beispiel 30
Argumentationslogik

Steigt die angebotene Menge eines Gutes, zum Beispiel von Kirschen, so fällt der Preis dieses Gutes.

10.1.4.2
Beweis

Der Beweis, der die Aussage stützt, ist das zweite Element eines Argumentes. Es handelt sich dabei um eine logische Begründung der Aussage. Im Alltag ist eine «einfache» Begründung ausreichend, um eine Aussage glaubhaft wirken zu lassen. In einer wissenschaftlichen Arbeit ist dieser «Alltagsbeweis» allerdings nicht ausreichend; er bedarf zusätzlich der Garantie.

Beispiel 29 (Forts.)
Argumentationslogik

Eine empirische Untersuchung von 120 Unternehmungen in der Schweiz bezüglich der «corporate financial performance» ergab, dass zwischen dem Aktienkurs und der Höhe der Spenden an wohltätige Institutionen ein positiver Korrelationskoeffizient besteht.

Beispiel 30 (Forts.)
Argumentationslogik

Eine empirische Untersuchung über die Angebotspreise von Kirschen ergab Folgendes: Je grösser die Ernte, desto tiefer die Kirschenpreise auf dem Markt.

10.1.4.3
Garantie

Das dritte Element eines Argumentes ist die Garantie, welche Aussage und Beweis miteinander verbindet. In einer wissenschaftlichen Arbeit müssen die einzelnen Aussagen auf theoretischen Ausführungen und/oder empirischen Daten und Fakten basieren.[1] Die Garantie ist also ein allgemeines Prinzip (Theorie, Modell, Framework), welches eine spezifische Behauptung mit einem spezifischen Beweis verbindet.

Die Garantie erfolgt entweder durch Induktion oder durch Deduktion (vgl. 3.3 «Grundsätzliche Verfahren wissenschaftlicher Erkenntnisgewinnung»).

Beispiel 29 (Forts.)
Argumentationslogik

Dieses Ergebnis der Untersuchung zur «corporate financial performance» wird gestützt durch die «available funds theory», wonach Unternehmungen mit einer hohen «corporate financial performance» mehr Geld zur Verfügung haben, um auch aussermarktliche Beziehungen zu pflegen.

Beispiel 30 (Forts.)
Argumentationslogik

Dieses Ergebnis der Untersuchung über die Angebotspreise von Kirschen wird gestützt durch das Modell von Angebot und Nachfrage der ökonomischen Theorie.

---

1 Lässt sich eine Aussage nicht theoretisch oder empirisch belegen, so muss zwingend aufgezeigt werden, welche gedanklichen Schlussfolgerungen zu dieser Aussage führten.

10.1.4.4
Bedingungen

Der Beweis und die Garantie einer Aussage sind nur unter gewissen Bedingungen gültig. Das vierte Element eines Argumentes sind damit die Bedingungen oder Annahmen, unter denen eine Aussage gültig ist. Sie müssen offen gelegt werden.

Der Gültigkeitsbereich der Aussage wird aufgezeigt, indem man Beschränkungen vornimmt beziehungsweise den Kontext, in welchem die Aussage zutrifft, genau beschreibt. Eine weitere Möglichkeit ist es, sprachliche Konzessionen zu machen, indem man Aussagen relativiert oder eigene Definitionen wählt.

Beispiel 29 (Forts.)
Argumentationslogik

Für die Untersuchung der «corporate financial performance» wurde der Aktienkurs als Messgrösse verwendet. Die Erkenntnisse gelten nur, sofern die Höhe der Spenden an wohltätige Institutionen der «corporate social performance» gleichgesetzt wird.

Beispiel 30 (Forts.)
Argumentationslogik

Eine Bedingung dafür, dass die Aussage über die Angebotspreise von Kirschen gilt, ist, dass es auf dem Markt viele Anbieter und viele Nachfrager (= vollständige Konkurrenz) gibt.

10.1.5
Offenlegung der
Quellen

Werden in einer Arbeit fremde Gedanken, Ideen, Meinungen, Forschungsergebnisse, Darstellungen, Bilder sinngemäss (indirekt) oder wörtlich (direkt) verwendet, müssen die Originalquellen offen gelegt werden (vgl. 10.3.6.3 «Zitate»). Dies erlaubt dem Leser, die detaillierten Ausführungen des zitierten Autors im Originaltext nachzulesen. Wird in einer Arbeit nicht korrekt zitiert, kann diese nicht als wissenschaftlich gelten. Falls Texte eines anderen Autors ohne Angabe der Quelle verwendet werden, macht man sich des Plagiates, das heisst der unrechtmässigen Wiedergabe von Texten oder Abbildungen schuldig, was strafbar ist.

10.2   Sprachliche Kriterien

Wie bei jeder schriftlichen Arbeit, so gelten auch bei wissenschaftlichen Publikationen die Regeln der Grammatik (Rechtschreibung, Interpunktion und Satzlehre). Weiter soll die Beachtung der folgenden sprachlichen Kriterien die Lesbarkeit und Verständlichkeit des Textes erhöhen.

**10.2.1
Prägnanz**

«Wissenschaftliche Arbeiten sollten prägnant, exakt und klar abgefasst sein»[1]. Dies steht in Widerspruch zum allgemein herrschenden Vorurteil, Wissenschaftler würden kompliziert schreiben und möglichst viele Fremdwörter benutzen. Der Inhalt einer wissenschaftlichen Arbeit ist wohl anspruchsvoll, Sprache und Aufbau versuchen dem aber entgegenzuwirken. Auf die Verständlichkeit des geschriebenen Textes ist also besonders zu achten.

**10.2.2
Unpersönlicher
Sprachstil**

Wissenschaftliche Arbeiten, insbesondere der eigentliche Argumentationstext, müssen objektiv sein. Sie sollten in einem möglichst objektivierten, unpersönlichen Sprachstil abgefasst werden.

In der Einleitung und im Schlusswort darf der Schreibende dagegen durchaus seine eigene Meinung einbringen. Allerdings müssen persönliche Gedanken und Standpunkte stets klar erkennbar sein, indem beispielsweise die Ich-Form verwendet wird.

**10.2.3
Einfachheit**

Die einzelnen Sätze sind möglichst einfach, klar und kurz zu halten. Sie bestehen idealerweise aus einem Hauptsatz und maximal einem Nebensatz. Jeder Satz sollte nur eine Aussage beinhalten. Zusammenhängende Aussagen (Aussagenkomplex) werden in einen Absatz zusammengefasst, und zusammenhängende Absätze (Gedankenkomplex) bilden ein Kapitel.

Bei der Satzbildung ist darauf zu achten, dass die Rückbezüge eindeutig sind. Ist dem nicht so, kann der Leser den Sinn einer Aussage nicht präzise erfassen oder er zieht falsche Schlüsse.

Fremdwörter sollten nur sparsam verwendet werden. Sie sind sinnvoll, wenn es keine treffende deutsche Übersetzung gibt oder das Fremdwort bereits als solches zum deutschen Wortschatz gehört. Fremdwörter sollten nicht eingesetzt werden, um dem Leser zu imponieren, ihn einzuschüchtern oder um über Wissenslücken hinwegzutäuschen.

Alle diese Massnahmen erhöhen die Verständlichkeit des Textes. Ein angemessenes Niveau wird erreicht, indem man sich vorstellt, man schreibe für einen interessierten Laien.

---

1 Seidenspinner 1994, S. 14.

<table>
<tr><td>

Beispiel 31
Zu komplizierter
Schachtelsatz

</td><td>

«In allen Veranstaltungen, die im Rahmen des Hochschultages stattfinden, besteht für Jugendliche die Möglichkeit, sich mit der Suchtthematik auseinanderzusetzen und sich über die Alternativen zum Gebrauch von Suchtmitteln zu informieren» (Franck 1998, S. 125).

Besser:
«Während des Hochschultages können sich Jugendliche mit dem Thema Sucht auseinandersetzen und über Alternativen zum Gebrauch von Suchtmitteln informieren» (Franck 1998, S. 125).

</td></tr>
<tr><td>

Beispiel 32
Zu langer Satz mit zu
vielen Fremdwörtern

</td><td>

«Ebenso bemerkenswert wie die juristische Kritik ist der von ihr aufgedeckte soziologische Tatbestand, den das kritisierte Urteil dokumentiert: die integrationspflichtige Kooperation der Verbandsbürokratien im Rahmen einer materialfixierten Ordnung unter Verzicht auf das Kompromissbewusstsein eines bloss temporären Ausgleichs divergierender Interessenrichtungen bei fortwährender antagonistischer Interessenlage» (Habermas 1990, S. 298).

</td></tr>
</table>

10.2.4 Vermeidung von Überflüssigem

Wortwiederholungen und Füllwörter (z. B. aber, auch, ja) sollten eliminiert werden, da sie meistens überflüssig sind. Deshalb sollte man sich bei jedem Füllwort überlegen, ob dieses notwendig ist. Ebenfalls überflüssig sind umgangssprachliche Wörter wie «irgendwie», «natürlich», «selbstverständlich», «unglaublich», «immens», «himmelschreiend», «wieder von neuem», «einzig und allein» etc.

<table>
<tr><td>

Beispiel 33
Unangebrachte
umgangssprachliche
Wendungen

</td><td>

«Gerade auch die heutige Globalisierungstendenz mit ihren unglaublichen Verflechtungen von Kultur, Ökonomie und Natur lassen nun hier selbstverständlich ein grosses Bedürfnis nach solchen Regeln vermuten.»

Besser:
«Die heutige Globalisierungstendenz mit ihren Verflechtungen von Kultur, Ökonomie und Natur lassen hier ein grosses Bedürfnis nach solchen Regeln vermuten.»

«Irgendwie mag ich die Argumentation von Carroll.»

Besser:
«Die Argumentation von Carroll scheint mir aufgrund der bisherigen Ausführungen glaubwürdig.»

</td></tr>
</table>

10.2.5 Vermeidung von Substantivismus

Oftmals besteht die Neigung, zu viele Substantive zu benutzen. Einzelne Substantive lassen die Arbeit wissenschaftlich erscheinen. Werden aber zu viele verwendet, wirken die Sätze schwerfällig, holprig und damit schwer verständlich. Als Faustregel für einen flüssigen Schreibstil gilt: Es dürfen in einem Satz nicht mehr Substantive als Verben vorkommen.

10.3 Formale Kriterien

Eine wissenschaftliche Arbeit ist ein Dokument, welches aus den folgenden Elementen besteht:

- Titelseite,
- Inhaltsverzeichnis,
- eventuell Abbildungs-, Tabellen- und Abkürzungsverzeichnis,
- Textteil (Seitengestaltung, Textgliederung, Überschriften, Zitate und Fussnoten),
- eventuell Anhang und
- Literaturverzeichnis.

Die Elemente müssen inhaltlich vollständig und formal korrekt sein. Auch Zitate und Quellenangaben müssen den wissenschaftlichen Formalkriterien entsprechen, ebenso wie die Rechtschreibung den allgemeinen Richtlinien.

Wie diese Formalkriterien im Einzelfall ausgeführt werden, hängt von den Richtlinien des einzelnen Lehrstuhls, Instituts oder der einzelnen Fakultät ab. In der Regel sind entsprechende Merkblätter an den jeweiligen Instituten erhältlich. Immer häufiger sind diese Anweisungen auch im Internet zugänglich.

10.3.1 Titelseite

Eine wissenschaftliche Arbeit muss zwingend über eine Titelseite (vgl. ▶ Abb. 22) verfügen. Auf dieser wird der Titel und die Art der Arbeit (Seminar-, Semester- oder Diplomarbeit), der Lehrstuhl, der betreuende Professor und der betreuende Assistent, das Fach und das Fachgebiet, Name, Adresse und Semesteranzahl des Verfassers sowie der Abgabetermin vermerkt. Die Titelseite als erste Seite einer Forschungsarbeit weist keine Seitenzahl auf.

Bei der Titelwahl sollte darauf geachtet werden, dass der Titel den Inhalt der Arbeit möglichst umfassend und treffend wiedergibt.

Gewichtete Stakeholder-Maps

Herleitung und Anwendung
am Beispiel von Shell

Diplomarbeit

am

Institut für betriebswirtschaftliche Forschung
Universität Zürich

Prof. Dr. Sybille Sachs

Fach: Unternehmensführung und -politik

Fachgebiet: Betriebswirtschaftslehre I

Verfasser: Markus Muster
                   Universitätsstrasse 8
                   8000 Zürich

Abgabedatum: 23. Mai 2001

▲ Abb. 22   Beispiel Titelseite (Quelle: eigene Darstellung)

10.3.2
Inhaltsverzeichnis

Das Inhaltsverzeichnis (vgl. ▶ Abb. 23) ist ein obligatorischer Bestandteil einer Forschungsarbeit. Es wird direkt nach dem Titelblatt in die Arbeit eingefügt.

Das Inhaltsverzeichnis soll dem Leser einen raschen Überblick über die in der Arbeit behandelten Punkte ermöglichen und zugleich die Struktur der Arbeit aufzeigen (10.1.1 «Übersichtlichkeit»). Es beinhaltet die Auflistung der einzelnen Kapitel- und Unterkapiteltitel mit den entsprechenden Seitenangaben. Die Gliederung des Inhaltsverzeichnisses erfolgt in der Regel nummerisch nach dem Dezimalsystem.

Die Seiten des Inhaltsverzeichnisses sind nummeriert und beginnen mit der Seitenzahl I. Es empfiehlt sich, die Seiten des Inhalts-

```
INHALTSVERZEICHNIS

1   Problemstellung . . . . . . . . . . . . . . . . . . . . . . . . . . . . . . . . .   18

    1.1  Die Herausforderung der Unternehmung
         durch die Gesellschaft. . . . . . . . . . . . . . . . . . . . . . . . .   18

    1.2  Die Rolle der Unternehmung auf dem Hintergrund
         des heutigen Zeitgeistes . . . . . . . . . . . . . . . . . . . . . . . .   25
         1.2.1  Dynamik  . . . . . . . . . . . . . . . . . . . . . . . . . . . . .   35
         1.2.2  Komplexität  . . . . . . . . . . . . . . . . . . . . . . . . . . .   35
         1.2.3  Mehrebenen  . . . . . . . . . . . . . . . . . . . . . . . . . . .   36

    1.3  Die Rolle der Unternehmung in der Gesellschaft
         und die «theory of the firm» . . . . . . . . . . . . . . . . . . . . .   37
         1.3.1  Wesentliche Fragestellungen der
                «theory of the firm» . . . . . . . . . . . . . . . . . . . . . . .   37
         1.3.2  Die Interaktionsmerkmale aus der Sicht
                der «theory of the firm» . . . . . . . . . . . . . . . . . . . . .   39
                1.3.2.1  Dynamik . . . . . . . . . . . . . . . . . . . . . . . .   39
                1.3.2.2  Komplexität  . . . . . . . . . . . . . . . . . . . . .   40
                1.3.2.3  Mehrebenen  . . . . . . . . . . . . . . . . . . . .   40
         1.3.3  Die Strategietheorie . . . . . . . . . . . . . . . . . . . . . . .   41
                1.3.3.1  Der humanorientierte Aspekt . . . . . . . . . . .   48
                         1.3.3.1.1  Eigenschaften und Rollen
                                    von Managern  . . . . . . . . . . . . .   48
                         1.3.3.1.2  Unternehmungskultur und -ethik   52
                1.3.3.2  Der struktur- und prozessorientierte Aspekt   54
                         1.3.3.2.1  Der strukturorientierte Aspekt  . .   55
                         1.3.3.2.2  Der prozessorientierte Aspekt . . .   57
                1.3.3.3  Der inhaltsorientierte Aspekt . . . . . . . . . . .   59
                         1.3.3.3.1  Die «market-based view
                                    of strategy» . . . . . . . . . . . . . . .   60
                         1.3.3.3.2  Die «resource-based view
                                    of strategy» . . . . . . . . . . . . . . .   62

    1.4  Forschungsfragen . . . . . . . . . . . . . . . . . . . . . . . . . . . .   68
```

▲ Abb. 23   Beispiel Inhaltsverzeichnis (Quelle: eigene Darstellung)

verzeichnisses römisch zu nummerieren und den eigentlichen Text der Arbeit arabisch.

Ist das Inhaltsverzeichnis länger als eine Seite, ist es ratsam, eine zusätzliche Inhaltsübersicht zu erstellen. Die Inhaltsübersicht umfasst nur die oberste Gliederungsebene (Kapitel) einer Arbeit. Unterkapitel werden nicht aufgeführt.

10.3.3
Abbildungs-
verzeichnis

Sofern eine wissenschaftliche Arbeit mit Abbildungen oder Fotos illustriert ist, muss ein Abbildungsverzeichnis (vgl. ▶ Abb. 24) erstellt werden. Es wird im Anschluss an das Inhaltsverzeichnis in die Arbeit eingefügt. Das Abbildungsverzeichnis führt alle in einer Arbeit vorkommenden Abbildungen auf; mit Abbildungsnummer,

ABBILDUNGSVERZEICHNIS

▲ Abb. 24   Beispiel Abbildungsverzeichnis mit kapitelweiser Nummerierung
            (Quelle: eigene Darstellung)

Abbildungslegende (Titel der Abbildung) sowie Angabe der Seite, auf welcher die Abbildung im Text zu finden ist.

Im Text sind die Abbildungen fortlaufend zu nummerieren sowie mit einer Abbildungslegende (Titel) und der Quellenangabe (Ausnahme: eigene Darstellungen) zu versehen. Bei grösseren Arbeiten können die Abbildungen auch kapitelweise nummeriert werden.

Die einzelnen Abbildungen sollten innerhalb einer Arbeit einheitlich gestaltet werden. Zudem müssen die Abbildungen in den Text integriert werden und sie dürfen keine Begriffe enthalten, die nicht erklärt werden.

**10.3.4
Tabellenverzeichnis**

Beinhaltet eine wissenschaftliche Arbeit Tabellen, muss ein Tabellenverzeichnis erstellt werden. Es wird in der Regel nach dem Abbildungsverzeichnis in die Arbeit eingefügt oder direkt nach dem Inhaltsverzeichnis, falls die Arbeit über keine Abbildungen verfügt.

Das Tabellenverzeichnis listet analog dem Abbildungsverzeichnis alle in einer Arbeit vorkommenden Tabellen auf; mit Tabellennummer, Titel der Tabelle sowie mit Angabe der Seitenzahl, auf welcher die Tabelle im Text zu finden ist.

Im Text sind die Tabellen fortlaufend oder kapitelweise zu nummerieren sowie mit einem Titel und der Quellenangabe (Ausnahme: eigene Darstellungen) zu versehen.

Alle eingefügten Tabellen sollten über ein einheitliches Layout verfügen. Auch müssen die Tabellen im Text angesprochen werden und dürfen keine neuen, nicht eingeführten Begriffe enthalten.

Bei kleineren Arbeiten können das Abbildungs- und das Tabellenverzeichnis in einem so genannten Darstellungsverzeichnis zusammengefasst werden.

10.3.5 Abkürzungsverzeichnis

Werden in einer Arbeit Abkürzungen verwendet, müssen diese nach dem Abbildungs- oder Tabellenverzeichnis in einem separaten Abkürzungsverzeichnis (vgl. ▶ Abb. 25) in alphabetischer Reihenfolge zusammengestellt und erklärt werden. Gebräuchliche Abkürzungen (vgl. Duden) müssen allerdings nicht ins Abkürzungsverzeichnis aufgenommen werden.

Grundsätzlich sollten Abkürzungen nur sparsam eingesetzt werden, da sie den Lesefluss stören. Sinnvoll sind Abkürzungen bei häufig verwendeten längeren Worten oder Zeitschriften.

Trotz der Erklärung im Abkürzungsverzeichnis muss der Begriff im Text eingeführt werden. Das heisst, bei der ersten Nennung ist der Begriff auszuschreiben und die Abkürzung wird in Klammern beigefügt. Bei weiteren Nennungen wird dann nur noch die Abkürzung verwendet.

ASQ	Administrative Science Quarterly
KMU	kleinere und mittlere Unternehmungen
WEF	World Economic Forum
ZfbF	Zeitschrift für betriebswirtschaftliche Forschung

▲ Abb. 25   Beispiel Abkürzungsverzeichnis (Quelle: eigene Darstellung)

10.3.6 Formale Kriterien des Textteils

Jede Arbeit beinhaltet einen eigentlichen Textteil (vgl. Kapitel 7 «Wissenschaftlicher Problemlösungsprozess» und Kapitel 8 «Struktur einer Forschungsarbeit»), bestehend aus:

- Einleitung,
- Hauptteil und
- Schlussteil.

Einleitung sowie Schlussteil einer wissenschaftlichen Arbeit fallen umfangmässig kleiner aus als der Hauptteil, der das Schwergewicht der Arbeit bildet.

10.3.6.1
Seitengestaltung

Der Seitenrand ist genügend breit zu wählen, wobei der linke Rand etwas breiter sein sollte, da die Arbeit eventuell gelocht oder gebunden werden muss (oben 2.5 cm, unten 2.5 cm, links 4 cm, rechts 2.5 cm).

Die Seiten sollten über eine Kopfzeile verfügen und nummeriert sein, wobei das Inhaltsverzeichnis in der Regel römisch, der Text selber arabisch nummeriert wird.

Die Seiten werden nur einseitig beschrieben. Die Schriftgrösse hängt von der gewählten Schriftart ab, sollte aber zwischen 11 und 12 Punkt sein. Überschriften können etwas grösser sein, der Fussnotentext wird in der Regel zwei Punkte kleiner geschrieben als der eigentliche Text. Der Zeilenabstand im Text sollte nicht zu eng gewählt werden, ideal ist der anderthalbfache Zeilenabstand. In den Fussnoten darf der Zeilenabstand durchaus einfach gewählt werden.

10.3.6.2
Textgliederung und
Überschriften

Die Gliederung des Textes ist ein wichtiges Strukturelement einer Arbeit. Die einzelnen Kapitelüberschriften geben dem Leser einen ersten Überblick über den Inhalt der Forschungsarbeit, und gleichzeitig führen sie ihn durch die Arbeit. Die Einteilung des Textes in Kapitel, Unterkapitel und Unterunterkapitel etc. sollte sinnvoll gestaltet sein. Inhaltlich Zusammengehörendes sollte innerhalb des Textes auch an gleicher Stelle abgehandelt werden.

Bei der Gliederung des Hauptteils sollte darauf geachtet werden, dass die einzelnen Kapitel umfangmässig möglichst gleich gross sind beziehungsweise eine vergleichbare Anzahl von Unterkapiteln aufweisen.

Bei der Gliederung des Textes in Kapitel und Unterkapitel ist ebenfalls zu berücksichtigen, dass erst bei mindestens zwei Unterpunkten eine Gliederung in Unterkapitel sinnvoll ist. Gibt es nur einen Unterpunkt, so kann dieser in den Text integriert werden.

Beispiel 34
Gliederung

Gut:	4 …		Schlecht:	4 …
	4.1 …			4.1 …
	4.2 …			5 …
	5 …			

Die Überschriften der einzelnen Kapitel und Unterkapitel müssen möglichst kurz und dennoch informativ sein, sodass sie Aufschluss über den Inhalt der Arbeit geben. Überschriften im Sinne von Einleitung, Hauptteil und Schlussteil sind demnach unbrauchbar. Besonders wichtig ist der Haupttitel einer Forschungsarbeit. Er muss nicht griffig oder spektakulär sein, sondern aussagekräftig und den Inhalt der Arbeit möglichst genau umreissen. Dies führt dazu, dass der Haupttitel oft sehr lang ist.

Überschriften sind keine vollständigen Sätze und sollten nicht in Frageform formuliert sein. Die Überschriften der Kapitel und Unterkapitel sind durchzunummerieren und ins Inhaltsverzeichnis zu übernehmen. Die Überschriften im Text dürfen dabei nicht von den Überschriften im Inhaltsverzeichnis abweichen.

10.3.6.3
Zitate

In einer wissenschaftlichen Arbeit sind eigene Gedanken und fremde Gedanken (Zitate) klar voneinander zu trennen. Deshalb muss jedes Zitat eindeutig gekennzeichnet werden.

Ein Zitat besteht immer aus zwei Textelementen: dem übernommen Material, das heisst dem Inhalt des Zitates sowie der Quellenangabe beziehungsweise dem Beleg des Zitates.

Bezüglich des *Inhaltes eines Zitates* unterscheidet man zwischen direkten Zitaten, das heisst der wörtlichen Wiedergabe eines Satzes, Satzteils, Textes oder einer Abbildung etc. und indirekten Zitaten, das heisst der sinngemässen Wiedergabe anderer Meinungen und Erkenntnisse.

Wörtliche Zitate dürfen nicht verändert werden, das heisst, Texthervorhebungen, aber auch Fehler in der Originalquelle[1] müssen übernommen werden. Will man bei einem wörtlichen Zitat einzelne Teile weglassen, setzt man für jeden ausgelassenen Textteil drei Pünktchen «...», denen je ein Leerschlag vorausgeht und folgt. Wichtig ist, dass die Interpunktion trotz den Auslassungen beibehalten wird. Sind Änderungen in einem wörtlichen Zitat unumgänglich, so müssen diese mit eckigen Klammern «[...]» und eventuell dem Zusatz «[Anm. d. Verf.]» gekennzeichnet werden. Ebenfalls müssen eigene Hervorhebungen durch den Zusatz «[Herv. d. Verf.]», auch in eckigen Klammern, kenntlich gemacht werden. Ein Zitat in einem Zitat wird nicht mehr mit den normalen Anführungs- und Schlusszeichen gekennzeichnet, sondern mit einfachen Anführungs- und Schlusszeichen «‹...›».

Wörtliche Zitate, die länger als drei Sätze sind, sollten im Text eingerückt und mit einfachem Zeilenabstand geschrieben werden.

---

1 Übernimmt man einen Fehler aus der Originalquelle, so kann hinter das fehlerhafte Wort die Bemerkung «[sic!]» angebracht werden. (Vergleiche Seidenspinner 1994, S. 86.)

Wörtliches Zitat mit Auslassung mit Kurzbeleg nach Harvard-System:
In diesem Sinne schreiben Mahoney und Pandian (1992, S. 364): «Strategy can be viewed as a ‹continuing search for rent› …».

Wörtliches Zitat mit Auslassung und Einschub des Autors mit Kurzbeleg in der Fussnote:
«… Weltbilder [legen] den grundbegrifflichen Rahmen fest, innerhalb dessen wir alles, was in der Welt vorkommt, in bestimmter Weise als etwas interpretieren»[1].

[1]   Habermas 1992, S. 92.

Wörtliches Zitat mit Änderung durch den Autor mit Kurzbeleg nach Harvard-System:
«[A]t present, business has seldom enjoyed so much power with so little responsibility» (Eberstadt 1977, S. 22).

Wörtliches Zitat mit Anmerkung des Autors mit Kurzbeleg in der Fussnote:
Popper äussert sich mit Bezug auf die Wissenschaft folgendermassen dazu: «Für mich verliert also die Philosophie und auch die Naturwissenschaften ihre Anziehungskraft, wenn sie diese Suche [Anm. d. Autorin: gemeint ist hier die Suche nach einem besseren Verständnis der Welt] aufgeben – wenn sie Fächer für Spezialitäten und für die Spezialisten werden und die Rätsel unserer Welt nicht mehr sehen und nicht mehr über sie staunen können. Für den Naturwissenschaftler ist die Spezialisierung eine Versuchung; für den Philosophen ist sie eine Todsünde.»[1]

[1]   Popper 1995, S. 5.

Wörtliches Zitat mit Hervorhebung durch den Autor mit Kurzbeleg nach Harvard-System:
«Die Entwicklung *abstrakter* [Herv. d. Autorin] Regeln für Verhaltensweisen in den Grossgruppen, in denen der Mensch heute lebt, ist daher eine Überlebensnotwendigkeit» (Oeser 1987, S. 56).

Zitate dürfen nicht aus dem Zusammenhang gerissen werden. So ist es verboten, nur Satzteile zu zitieren mit der Wirkung, dass der Gedanke des Autors ins Gegenteil gekehrt wird.

Zudem sollte das Zitat immer aus der Originalquelle stammen. Dies deshalb, weil man so die zitierte Vorlage zumindest einmal in den Händen gehabt hat, und allfällige Zitierfehler anderer Autoren entdeckt werden können. Nur wenn das Original eines Autors nicht mehr zu beschaffen ist, darf auf Sekundärliteratur zurückgegriffen werden. Allerdings ist dieses Vorgehen in der Arbeit offen zu legen. Die Quellenangabe eines solchen Sekundärzitats muss deshalb mit dem Zusatz «zitiert nach …» oder «zit. n. …» spezifiziert werden.

<table>
<tr><td>Beispiel 36
Sekundärzitate</td><td>Wörtliches Sekundärzitat mit Kurzbeleg nach Harvard-System:
«We have begun to realize the many inappropriable values that are created and the many unpaid damage that are inflicted in the course of business exchanges» (Clark zitiert nach Clarkson 1998, S. 19).

Wörtliches Sekundärzitat mit Kurzbeleg in der Fussnote:
«Nothing in biology makes sense except in the light of evolution»[1].</td></tr>
</table>

---

[1] Dobzhansky zitiert nach Wuketits 1988, S. 2.

Wörtliche Zitate in einer fremden Sprache sind mit Ausnahme des Englischen zu übersetzen. Zudem ist der Originaltext in Klammern und Anführungs- und Schlusszeichen wiederzugeben.

Die Frage, wie viele wörtliche Zitate in eine Arbeit eingebaut werden sollten, lässt sich nicht abschliessend beantworten. Wörtliche Zitate dienen vor allem der Unterstützung der eigenen Meinung und der aufgestellten Thesen oder der Darstellung einer spezifischen Aussage eines bestimmten Autors. Will der Forschende ein bestimmtes Framework oder Modell vorstellen und beschreiben, sollte er dies mit eigenen Worten tun und den Autor sinngemäss zitieren. Grundsätzlich sollte darauf geachtet werden, dass man nicht zu häufig (lange) wörtliche Zitate in den Text einbaut, weil dadurch beim Leser schnell der Eindruck entsteht, dass der Forschende zu faul sei, das Gelesene in eigenen Worten auszudrücken, oder dass der Forschende das Gelesene nicht verstanden habe. Auf jeden Fall müssen wörtliche Zitate in den Text eingearbeitet werden; ihre Aneinanderreihung ist zu vermeiden.

Nicht alle der Quellen sind zitierwürdig. Insbesondere im theoretischen Teil einer Forschungsarbeit dürfen nur wissenschaftliche Publikationen wie Fachbücher und -zeitschriften zitiert werden. Im empirischen Teil einer Arbeit oder zur Illustration kann man sich auch auf Populärliteratur oder Publikumszeitschriften beziehen. Ausnahmen bilden Forschungsarbeiten, die sich explizit mit Populärliteratur auseinander setzen.

Weit verbreitetes Wissen zählt zum Allgemeingut und muss nicht als Zitat ausgewiesen und mit einer Quellenangabe versehen werden. Dies führt unter anderem dazu, dass in einführenden Lehrbüchern kaum noch zitiert wird.

Zitate müssen nicht nur inhaltlich korrekt sein, sondern auch formal gewisse Kriterien erfüllen. Der *Quellenangabe* ist besondere Aufmerksamkeit zu schenken, denn das *Belegen von Zitaten* ist ein wichtiges Beurteilungs- und Gütekriterium einer wissenschaftlichen

Arbeit. Formal richtiges Zitieren zeichnet die wissenschaftliche Exaktheit einer Arbeit aus.

Wörtliche Zitate müssen genau gekennzeichnet werden, indem man sie in Anführungs- und Schlusszeichen setzt und am Ende des Zitates den Autor und die Quelle aufführt, je nach System im Text selbst oder in einer Fussnote. Sinngemässe Zitate werden nicht in Anführungs- und Schlusszeichen gesetzt. Sie müssen am Ende des übernommenen Abschnittes aber belegt werden, indem man den Autor und seine Publikation nach dem Zusatz «Vergleiche» oder «Vgl.» nennt. Übernimmt man eine Abbildung oder eine Tabelle, so wird diese mit dem Zusatz «Quelle: ...» zitiert. Wird gleichzeitig auf mehrere Autoren verwiesen, so sind diese jeweils durch ein Semikolon zu trennen.

Die Quellenangabe von Zitaten kann im Text einer wissenschaftlichen Arbeit auf verschiedene Art erfolgen. Die Regeln unterscheiden sich je nach Lehrstuhl, Institut oder Fakultät. Grundsätzlich ist alles erlaubt, sofern die Angaben ausreichen, um die benutzte Quelle aufzufinden und die gewählte Zitierweise einheitlich und konsequent auf die ganze Arbeit angewendet wird.

Man unterscheidet zwei Arten von Quellenangaben:

- den Vollbeleg und
- den Kurzbeleg.

Entscheidet man sich für den *Vollbeleg,* so führt man die gesamten bibliographischen Angaben der Quelle jeweils in einer Fussnote auf, das heisst, der Vollbeleg unterscheidet sich nicht von der Quellenangabe im Literaturverzeichnis. Bei einem wörtlichen Zitat wird zusätzlich die Seitenzahl des Quellentextes erwähnt, auf welcher sich das Zitat im Originaltext findet. Der Vollbeleg wird heute allerdings kaum mehr angewendet, da er sehr aufwendig ist und eine Arbeit unnötig aufbläst. Er ist aber erforderlich, wenn die Arbeit über kein separates Literaturverzeichnis verfügt.

Beispiel 37
Vollbeleg

Sinngemässes Zitat mit Vollbeleg in der Fussnote:
Die «corporate social responsibility»-Periode begann in den fünfziger Jahren. Im Vordergrund dieses Ansatzes stand die Idee der Ausdehnung der rein ökonomischen Verantwortung der Unternehmung auf eine soziale Verantwortung.[1]

---

[1] Vergleiche Carroll, A. B.: The pyramid of corporate social responsibility – Toward the moral management of organizational stakeholders. In: Business Horizons, 34(1991)4, S. 39–48, hier S. 40–42.

Wörtliches Zitat mit Vollbeleg in der Fussnote:
Frederick fasste die Position der «corporate social responsibility» wie folgt zusammen: «The fundamental idea of ‹corporate social responsibility› is that business corporations have an obligation to work for social betterment»[2].

---

[2] Frederick, W. C.: Theories of corporate social performance – Much done, more to do. Working paper, University of Pittsburgh, Graduate School of Business, 1986, hier S. 4.

Weil der Vollbeleg relativ aufwendig ist, erfolgt die Quellenangabe in der Regel in der Form des *Kurzbelegs*. Dabei wird die Quelle entweder direkt im Text (Harvard-System) oder aber in einer Fussnote erwähnt, sodass die Quelle, auf die verwiesen wird, im Literaturverzeichnis identifizierbar ist.[1] Erwähnt werden der Name des Autors und das Erscheinungsjahr sowie die Seitenzahl. Entscheidet man sich für den Kurzbeleg, darf das Literaturverzeichnis nicht nach den verschiedenen Quellentypen unterteilt werden.

Beispiel 38
Kurzbeleg

Sinngemässes Zitat mit Kurzbeleg in der Fussnote:
Simmel bezeichnet die Soziologie als diejenige Wissenschaft, die sich mit Wechselwirkungen befasst, die noch nicht von der Ökonomie und der Politologie behandelt wurden.[1]

---

[1] Vergleiche Simmel, G. 1992, S. 18–20.

Wörtliches Zitat mit Kurzbeleg in der Fussnote:
Der kategorische Imperativ von Kant beinhaltet den berühmten Leitsatz: «Handle so, dass die Maxime deines Willens jederzeit zugleich als Prinzip einer allgemeinen Gesetzgebung gelten könne»[2].

---

[2] Kant, I. 1995, 1. Buch, 1. Hauptstück, S. 53.

Beispiel 39
Kurzbeleg nach
Harvard-System

Sinngemässes Zitat mit Kurzbeleg nach Harvard-System:
Penrose beurteilt eine analoge Verwendung der biologischen Evolutionstheorie im Rahmen der «theory of the firm» als unangebracht, da die Unternehmung über konstitutiv andere Eigenschaften verfügt als Organisationen. Insbesondere hebt sie das menschliche Entscheidungsvermögen hervor, das gemäss ihrer Ansicht in den traditionellen evolutionären Ansätzen keine Beachtung findet. (Vergleiche Penrose 1995, S. 36–41.)

Wörtliches Zitat mit Kurzbeleg nach Harvard-System:
«Change requires thinking simultaneously about multiple time horizons. Successful change involves relying partially on past experience, while staying focused on current execution, and still looking ahead to the future.» (Brown und Eisenhardt 1998, S. 12)

---

[1] Erfolgt die Quellenangabe in der Form des Kurzbelegs, muss im Literaturverzeichnis unmittelbar nach dem Namen des Autors das Erscheinungsjahr der Publikation aufgeführt werden (vgl. 10.3.8 «Literaturverzeichnis»).

10.3.6.4
Fussnoten

In den Fussnoten werden grundsätzlich zwei Dinge festgehalten: Literatur- und Quellenangaben sowie Kommentare und Informationen, die bei der Auf- und Bearbeitung einer Problemstellung hilfreich waren, für die eigentliche Argumentation der Arbeit aber nicht substantiell sind. Durch das Einfügen von Fussnoten wird verhindert, dass der Lesefluss unterbrochen wird.

Die Fussnoten bestehen aus zwei Textelementen: dem Fussnotenzeichen und dem eigentlichen Fussnotentext.

Das *Fussnotenzeichen* ist ein Marker (Nummer) im Text, der auf den unten stehenden Fussnotentext (Fussnotenblock) verweist. In Seminar-, Semester- und Diplomarbeiten werden die Fussnotenzeichen in der Regel durchlaufend nummeriert. Vor allem in grösseren Forschungsarbeiten (z. B. Dissertationen) erfolgt die Nummerierung kapitel- oder gar seitenweise, da die Anzahl der Fussnoten weit über Hundert steigen kann.

Bezieht sich die Quellenangabe auf mehrere Sätze oder einen Abschnitt, so ist das Fussnotenzeichen ganz am Ende der betreffenden Ausführungen und nach dem satzabschliessenden Schlusspunkt anzufügen. Wird nur ein einzelner Satz zitiert, erfolgt die Quellenangabe noch vor dem abschliessenden Punkt. Wird in einer Fussnote ein bestimmter Ausdruck näher erläutert, so ist das Fussnotenzeichen sogleich nach dem entsprechenden Wort einzufügen.

Der *Fussnotentext* steht im Fussnotenblock. Dieser ist unten an der Seite mit einem kurzen Strich vom Haupttext abzugrenzen. Im Gegensatz zum Text der Arbeit sind die Fussnoten mit einer kleineren Schriftgrösse als der eigentliche Text zu verfassen und mit einem einfachen Zeilenabstand. Die Fussnotennummer des Fussnotentextes und die Fussnotennummer des Fussnotenzeichens im Haupttext müssen übereinstimmen.

Beispiel 40
Fussnoten

Quellenangabe in der Fussnote:
«Stakeholder theory, we believe, holds the key to more effective management and to a more useful, comprehensive theory of the firm in society»[1].

---
[1] Mitchell, R. K., Agle, B. R. und Wood, D. J. 1997, S. 880.

Verweis in der Fussnote:
Der niederländische Hauptsitz von Shell war bereits nach Curação verlegt worden, bevor Hitler in die Niederlande einfiel.[2]

---
[2] Für die weiteren Gründe dieser Standortsverlegung vergleiche die Ausführungen in Kapitel 7.

Erklärung in der Fussnote:
Auf diese Weise haben sich im Verlaufe der Evolution interaktive, hierarchische[3] Netzwerke von Komponenten (z. B. Gene, Menschen, Organisationen) gebildet, die zunehmend komplexer werden.

_____

[3] Hierarchisch ist hier kein Subordinationsverhältnis, wie dies im Rahmen von Unternehmungen verstanden wird. Unter hierarchisch werden hier die aufgrund von Emergenz entstandenen Ebenen und Arten der Evolution verstanden.

10.3.7
Anhang

Falls eine schriftliche Arbeit einen Anhang umfasst, so steht dieser ganz am Schluss der Arbeit, jedoch vor dem Literaturverzeichnis.

In den Anhang werden Materialien aufgenommen, die für die Arbeit wesentlich, aber zu umfangreich sind, um im Text zu erscheinen, wo sie den Lesefluss stören würden. Typischerweise werden Fragebogen von empirischen Erhebungen, statistische Auswertungen oder ausführliche Fallstudienbeschreibungen im Anhang abgedruckt. Anhänge werden normalerweise römisch nummeriert, da sie nicht mehr Bestandteil des eigentlichen Textes sind. Die Seitennummerierung wird aber fortgeführt.

10.3.8
Literaturverzeichnis

Das Literaturverzeichnis ist in einer wissenschaftlichen Arbeit obligatorisch und befindet sich am Ende einer Arbeit. Es umfasst alle im Text der Arbeit erwähnten beziehungsweise zitierten Bücher, Artikel, Zeitungsartikel und elektronischen Quellen etc. in alphabetischer Reihenfolge.

Publikationen, die zwar verwendet, das heisst gelesen, in der Arbeit aber nicht erwähnt wurden, gehören nicht ins Literaturverzeichnis.

Die Auflistung der einzelnen Publikationen muss einheitlich sein, wobei sich die Darstellung nach den Vorschriften des einzelnen Lehrstuhls, Instituts oder der einzelnen Fakultät richtet.[1]

Je nach Publikationsart werden zum Teil unterschiedliche Elemente festgehalten:[2]

_____

[1] Insbesondere bei Zeitschriftenartikeln unterscheiden sich die Vorschriften zur Aufnahme der Quellenangabe ins Literaturverzeichnis sehr stark.

[2] Die Angabe des Publikationsjahres unmittelbar nach der Autorenangabe ist nur erforderlich, wenn im Text der Kurzbeleg verwendet wird.

- Fachbuch:
  - Name und Vorname des Autors respektive der Autoren;
  - Titel des Buches;
  - Auflage (sofern nicht 1. Auflage);
  - Erscheinungsort und eventuell Verlag;
  - Erscheinungsjahr.

Beispiel 41
Fachbuch

Carroll, A. B. (1996): Business and society – Ethics and stakeholder management. 3. Auflage, Cinncinati 1996.

Spannenburg, R. und Moser, D. K. (1995): Nils Bohr – Gentle genius of Denmark. New York 1995.

- Herausgeberbuch:
  - Name und Vorname des Herausgebers respektive der Herausgeber, mit der zusätzlichen Angabe «(Hrsg.)»;
  - Titel des Buches;
  - Auflage (sofern nicht 1. Auflage);
  - Erscheinungsort und eventuell Verlag;
  - Erscheinungsjahr.

Beispiel 42
Herausgeberbuch

Endruweit, G. (Hrsg.) (1993): Moderne Theorien der Soziologie. Stuttgart 1993.

Fuchs, W. u. a. (Hrsg.) (1978): Lexikon zur Soziologie. 2. Auflage, Opladen 1978.

- Buchbeitrag in Sammelwerk:
  - Name und Vorname des Autors respektive der Autoren;
  - Titel des Beitrages;
  - Name und Vorname des Herausgebers respektive der Herausgeber des Sammelwerkes, mit der zusätzlichen Angabe «(Hrsg.)», eingeleitet mit «In:»;
  - Titel des Sammelwerkes;
  - Auflage (sofern nicht 1. Auflage);
  - Erscheinungsort und eventuell Verlag;
  - Erscheinungsjahr;
  - erste bis letzte Seite des Buchbeitrages.

Beispiel 43
Buchbeitrag in
Sammelwerk

Evan, W. M. und Freeman, R. E. (1987): A stakeholder theory of the modern corporation – Kantian capitalism. In: Beauchamp, T. L. und Bowie, N. E. (Hrsg.): Ethical theory and business. Englewood Cliffs 1987, S. 97–106.

Näsi, J. (1995): What is stakeholder thinking? A snapshot of a social theory of the firm. In: Näsi, J. (Hrsg.): Understanding stakeholder thinking. Helsinki 1995, S. 19–32.

- Zeitschriftenartikel:
  - Name und Vorname des Autors respektive der Autoren;
  - Titel des Zeitschriftenartikels;
  - Titel der Zeitschrift, eingeleitet mit «In:»;
  - Jahrgang (Volume) und Heftnummer (Issue) der Zeitschrift;
  - Erscheinungsjahr;
  - erste bis letzte Seite des Zeitschriftenartikels.

Beispiel 44
Zeitschriftenartikel

Carroll, A. B. (1991): The pyramid of corporate social responsibility – Toward the moral management of organizational stakeholders. In: Business Horizons, 34(1991)4, S. 39–48.[1]

Witt, U. (1994): Wirtschaft und Evolution – Einige neuere theoretische Entwicklungen. In: Wirtschaftswissenschaftliches Studium, 1994, Jg. 23, Nr. 10, S. 503–512.

- Proceeding (gesammelte Konferenzbeiträge in Buchform):
  - Name und Vorname des Autors respektive der Autoren;
  - Titel des Beitrages;
  - Name und Vorname des Herausgebers respektive der Herausgeber des Sammelwerkes, mit der zusätzlichen Angabe «(Hrsg.)», eingeleitet mit «In:»;
  - Titel des Sammelwerkes;
  - Erscheinungsort und eventuell Verlag;
  - Erscheinungsjahr;
  - erste bis letzte Seite des Buchbeitrages.

Beispiel 45
Proceeding

Kang, Y.-C. und Wood, D. J. (1995): Before-profit social responsibility – Turning the economic paradigm upside down. In: Nigh, D. und Collins, D. (Hrsg.): Proceedings of the Sixth Annual Meeting of the International Association for Business and Society (IABS). Wien 1995, S. 408–418.

Swiercz, P. M. u.a. (1993): Do perceptions of performance appraisal fairness predict employee attitudes and performance? In: Moore, D. P. (Hrsg.): Proceedings of the Fifty-Third Annual Meeting of the Academy of Managment. Atlanta 1993, S. 304–308.

- Zeitungsmeldungen:
  - Name und Vorname des Autors respektive der Autoren (sofern angegeben);
  - Titel des Zeitungsmeldung;

---

1 Bei dieser Art der Quellenangabe werden Erscheinungsjahr, Jahrgang und Heftnummer angegeben. In der Klammer steht das Erscheinungsjahr, der Jahrgang steht vor der Klammer, die Heftnummer nach ihr.

□ Titel der Zeitung, eingeleitet mit «In:»;

□ Datum der Ausgabe;

□ Seitenzahl.

Beispiel 46
Zeitungsmeldung

Frey, B. S. (1995): Ökonomie ist Sozialwissenschaft – Faszinierende Anwendungen eines neuen Denkens. In: Neue Zürcher Zeitung, 4. Juli 1995, S. 23.

o.V. (1997): Grüne Visionen. In: Neue Zürcher Zeitung, 14. Juni 1997, S. 48.

■ Internetausdruck:

□ Adresse (URL);

□ Datum des Ausdrucks.

Beispiel 47
Internetausdruck

Bibliothek für Betriebswirtschaft (2001): Homepage. http://www.irc.unizh.ch/bfb, 17.07.2001.

Heylighen, F. (1999): What is complexity?
http://pespmc1.vub.ac.be/COMPLEX.html, 19.11.1999.

Das Literaturverzeichnis sollte nicht nach den verschiedenen Publikationsarten unterteilt werden, weil die so entstehenden verschiedenen alphabetischen Ordnungen dazu führen, dass die im Text aufgeführten Quellen schwerer gefunden werden.

Ab drei Autoren werden nicht mehr alle Autorennamen aufgeführt. Man schreibt nur noch den Namen des ersten Autors und dann «u. a.» beziehungsweise «et al.».

Auch kann der Vorname eines Einzelautors abgekürzt werden. Dies hat aber den Nachteil, dass bei einem häufigen Nachnamen der Autor nur schwer identifiziert werden kann. Deshalb darf man in diesen Fällen von der grundsätzlichen Systematik abweichen und die Vornamen ausschreiben. Akademische Titel eines Autors führt man grundsätzlich nicht auf.

Sofern man keinen Autor oder keine Jahreszahl ermitteln kann, schreibt man «o. V.» (ohne Verfasser) oder «o. J.» (ohne Jahr).

Die Untertitel sind entweder mit einem Doppelpunkt oder mit einem Gedankenstrich vom Haupttitel zu trennen, wobei nach dem Doppelpunkt oder dem Gedankenstrich ein Grossbuchstabe folgt.

Werden verschiedene Werke des gleichen Autors aufgeführt, so sind diese nach dem Erscheinungsjahr zu ordnen. Weisen mehrere Publikationen eines Autors das gleiche Jahr der Veröffentlichung auf, so werden sie mit dem Zusatz a, b, c etc. unterschieden.

Beispiel 48
Mehrere Bücher des
gleichen Autors

Blair, M. M. (1995a): Corporate «ownership» – A misleading word muddies the corporate governance debate. In: Brookings Review, 13(1995)1, S. 16–19.

Blair, M. M. (1995b): Ownership and control – Rethinking corporate governance for the twenty-first century. Washington 1995.

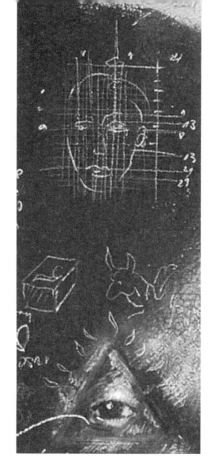

Kapitel 11
Schlusskontrolle

Bevor eine wissenschaftliche Arbeit abgegeben wird, sollte man sie noch einmal überprüfen, und zwar inhaltlich, sprachlich sowie formal (vgl. Kapitel 10 «Verfassen einer wissenschaftlichen Arbeit»).[1] Anhand der folgenden Checkliste kann überprüft werden, ob die wissenschaftlichen Kriterien erfüllt sind. Sind alle wissenschaftlichen Kriterien erfüllt, wird die Arbeit Korrektur gelesen.

11.1 Checkliste

Checkliste zur Forschungsfrage und zur Zielsetzung:

- Ist die Forschungsfrage klar formuliert?
- Wird die Forschungsfrage richtig bearbeitet?
- Wird die Forschungsfrage beantwortet?
- Wird die Zielsetzung der Arbeit klar umschrieben und auch erreicht? Falls nicht, gibt es triftige Gründe dafür? Werden diese dargelegt?

---

1 Vergleiche dazu Bänsch 1999, S. 73–76; Kruse 2000, S. 116, 238–245; Von Werder 1998, S. 100 .

Checkliste zum Umfang:

- Ist der Umfang der Arbeit angemessen? Werden die wesentlichen Punkte kurz, klar und prägnant bearbeitet?
- Häufig gibt es auch grobe Richtlinien für die geforderte Seitenzahl. Werden diese eingehalten?

Checkliste zum Inhalt:

- Ist die Arbeit klar strukturiert (Einleitung, Hauptteil, Schlussteil)?
- Führt ein roter Faden durch die Arbeit?
- Wird auf eine klare Leserführung geachtet?
- Wird das Thema beziehungsweise die Problemstellung bearbeitet?
- Wird die wichtigste Literatur im betreffenden Themengebiet verarbeitet?
- Sind alle wichtigen Begriffe definiert und wird an den gewählten Definitionen festgehalten?
- Ist die theoretische Analyse konsistent?
- Ist die empirische Analyse nachvollziehbar?
- Werden Theorie und Empirie verbunden?
- Sind alle Aussagen belegt und begründet (theoretische Elemente, Modelle und Frameworks)?
- Ist die Argumentationsweise konsistent?
- Ist die Argumentationskette lückenlos und in sich widerspruchsfrei?
- Sind die (Schluss-)Folgerungen schlüssig und klar formuliert?
- Wird ein originärer Beitrag zum Thema geleistet?
- Werden Lücken, Widersprüche und Fragwürdigkeiten in der Literatur aufgezeigt?

Checkliste zur Sprache:

- Wird ein wissenschaftlicher Schreibstil gepflegt?
- Ist der Schreibstil verständlich, eindeutig und treffend?
- Sind die Satzverknüpfungen korrekt?
- Sind Rechtschreibung, Grammatik und Zeichensetzung in Ordnung?

Checkliste zur Form:

- Sind Titelblatt, Inhaltsverzeichnis, Abbildungs- und Tabellen-verzeichnis sowie Literaturverzeichnis korrekt erstellt, vollständig und richtig platziert?
- Ist die Zitierweise korrekt und einheitlich?
- Wird alle verwendete Literatur zitiert und im Literaturverzeichnis aufgeführt?

Die Überprüfung der Forschungsarbeit auf die Einhaltung dieser Kriterien ist deshalb wichtig, weil die wissenschaftliche Arbeit von der Betreuungsperson nach genau diesen Kriterien beurteilt wird.

11.2 Korrekturlesen

Eine Forschungsarbeit sollte – bevor sie abgegeben wird – mindes-tens dreimal Korrektur gelesen werden.

Das *erste* Mal sollte der Text sehr schnell gelesen werden, um die Bedeutung des Textes zu erfassen. Das Ziel ist es, zu überprüfen, ob der rote Faden der Arbeit gewährleistet ist. Lücken in der Argumen-tation müssen komplettiert und, umgekehrt, muss Überflüssiges eliminiert werden. Die einzelnen Argumentationen müssen zudem ausreichend begründet sein. Das erste Lesen sollte in einem relativ frühen Stadium des wissenschaftlichen Problemlösungsprozesses stattfinden, da es in dieser Phase in der Regel noch zu grösseren Überarbeitungen der Forschungsarbeit kommt.

Das *zweite* Lesen des Textes sollte langsamer sein, um die Form und die Struktur der Arbeit zu überprüfen. Dabei ist auch darauf zu achten, dass die Zitate und Quellenangaben sinnvoll beziehungs-weise an geeigneter Stelle eingesetzt wurden. Ebenfalls muss geprüft werden, ob die Begriffe einheitlich benutzt wurden. Beim zweiten Lesen sollte sich die Arbeit bereits im Endstadium befinden.

Sind die Fehler korrigiert und der Text steht in seiner Endfassung, erfolgt das *dritte* Lesen. Dieses sollte ganz langsam und sorgfältig sein. Jeder Satz muss auf Wortwahl, Grammatik, Interpunktion und Rechtschreibung geprüft werden. Die Kommasetzung ist besonders zu beachten, denn fehlende oder falsch gesetzte Kommas können die Bedeutung eines Textes verändern. Die Abbildungen und Tabellen des Textes sind zu vereinheitlichen und fortlaufend zu nummerieren. Zudem müssen die Zitate überprüft werden, das heisst, sind sie korrekt wiedergegeben und stimmen die Jahres- und Seitenzahlen? Weiter ist wichtig, dass alle verwendeten Quellen im Literaturverzeichnis vollständig aufgeführt sind.

Zum Schluss sollte die Forschungsarbeit von einer anderen Person durchgelesen werden. Denn ist man mit einer Materie zu sehr bekannt, übersieht man relativ schnell Rechtschreibe- und Kommafehler, man ist sozusagen textblind geworden.

Literaturverzeichnis

Atteslander, Peter (2000): *Methoden der empirischen Sozialforschung.* 9., neu bearbeitete Auflage, Berlin 2000.

Bänsch, Axel (1999): *Wissenschaftliches Arbeiten – Seminar- und Diplomarbeiten.* 7., verbesserte Auflage, München 1999.

Bibliothek für Betriebswirtschaft (2001): Homepage. http://www.irc.unizh.ch/bfb, 17.07.2001.

Booth, Wayne C., Colomb, Gregory G. und Williams, Joseph M. (1995): *The Craft of Research.* Chicago 1995.

Chalmers, Alan F. (1986): *Wege der Wissenschaft.* Berlin 1986.

The Clarkson Center for Business Ethics (Hrsg.) (1999): *Principles of stakeholder management.* University of Toronto, Toronto 1999.

Eichhorn, Wolfgang (1979): Die Begriffe Modell und Theorie in der Wirtschaftswissenschaft. In: Raffée, Hans und Abel, Bodo (Hrsg.): *Wissenschaftstheoretische Grundfragen der Wirtschaftswissenschaften.* München 1979, S. 60–104.

Felt, Ulrike, Nowotny, Helga und Taschwer, Klaus (1995): *Wissenschaftsforschung – Eine Einführung.* Frankfurt am Main 1995.

Franck, Norbert (1998): Fit fürs Studium – Erfolgreich lesen, reden, schreiben. 2. Auflage, München 1998.

Gaugler, Eduard und Weber, Wolfgang (Hrsg.) (1992): *Handwörterbuch des Personalwesens.* 2., neu bearbeitete Auflage, Stuttgart 1992.

Haefner, Klaus (2000): *Gewinnung und Darstellung wissenschaftlicher Erkenntnisse, insbesondere für universitäre Studien-, Staatsexamens-, Diplom- und Doktorarbeiten.* München 2000.

Hennes & Mauritz (2001): Facts about us. http://www.hm.com/hm/company/facts.asp, 31.08.2001.

IDS (Informationsverbund Deutschschweiz) (2001a): Homepage. http://www.zb3. unizh.ch/ids/, 31.08.2001.

IDS (Informationsverbund Deutschschweiz) (2001b): Überblick über die IDS-Kataloge. http://www.zb3.unizh.ch/ids/IDS-Bibs.htm, 31.08.2001.

Jele, Harald (1999): *Wissenschaftliches Arbeiten in Bibliotheken – Einführung für StudentInnen.* München 1999.

Kernchen, Hans-Jürgen und Kernchen, Dagmar (Hrsg.) (1984): *Handbuch der bibliographischen Nachschlagewerke.* 6., völlig neu bearbeitete Auflage, Frankfurt am Main 1984.

Konegen, Norbert und Sondergeld, Klaus (1985): *Wissenschaftstheorie für Sozialwissenschafter.* Opladen 1985.

Kromrey, Helmut (2000): *Empirische Sozialforschung – Modelle und Methoden der Datenerhebung und Datenauswertung.* 9., überarbeitete und erweiterte Auflage, Opladen 2000.

Kruse, Otto (2000): *Keine Angst vor dem leeren Blatt – Ohne Schreibblockaden durchs Studium.* 8., durchgesehene Auflage, Frankfurt am Main 2000.

Lamnek, Siegfried (1993): *Qualitative Sozialforschung, Band 2: Methoden und Techniken.* 2. Auflage, Weinheim 1993.

Lewis, Marianne W. und Grimes, Andrew J. (1999): Metatriangulation – Building theory from multiple paradigms. In: *Academy of Management Review,* 24(1999)4, S. 672–690.

Lück, Wolfgang (1999): *Technik des wissenschaftlichen Arbeitens – Seminararbeit, Diplomarbeit, Dissertation.* 7., überarbeitete und erweiterte Auflage, München 1999.

Mayring, Philipp (1990): *Einführung in die qualitative Sozialforschung – Eine Anleitung zu qualitativem Denken.* München 1990.

Michalko, Michael (2001): *Erfolgsgeheimnis Kreativität.* Landsberg am Lech 2001.

Osterloh, Margit und Grand, Simon (1994): Modelling oder Mapping? Von Rede- und Schweigeinstrumenten in der betriebswirtschaftlichen Theoriebildung. In: *Die Unternehmung,* 48(1994)4, S. 277–294.

Porter, Michael E. (1987): *Wettbewerbsstrategie (Competitive Strategy) – Methoden zur Analyse von Branchen und Konkurrenten.* Frankfurt am Main 1983 (Lizenzausgabe Ex Libris, Zürich 1987).

Preissner, Andreas (1998): *Wissenschaftliches Arbeiten.* 2., unwesentlich veränderte Auflage, München 1998.

Raffée, Hans (1974): *Grundprobleme der Betriebswirtschaftslehre.* Göttingen 1974.

Raffée, Hans (1984): Gegenstand, Methoden und Konzepte der Betriebswirtschaftslehre. In: Baetge, Jörg u.a. (Hrsg.): *Vahlens Kompendium der Betriebswirtschaftslehre, Band 1.* München 1984, S. 1–46.

Raffée, Hans und Abel, Bodo (1979): Aufgaben und aktuelle Tendenzen der Wissenschaftstheorie in den Wirtschaftswissenschaften. In: Raffée, Hans und Abel, Bodo (Hrsg.): *Wissenschaftstheoretische Grundfragen der Wirtschaftswissenschaften.* München 1979, S. 1–10.

Rühli, Edwin (1996): *Unternehmungsführung und Unternehmungspolitik, Band 1.* 3., vollständig überarbeitete und erweiterte Auflage, Bern 1996.

Seidenspinner, Gundolf (1994): *Wissenschaftliches Arbeiten – Techniken, Methoden, Hilfsmittel, Aufbau, Gliederung, richtiges Zitieren.* 9. Auflage, Neuausgabe, München 1994.

Seiffert, Helmut (1992): *Einführung in die Wissenschaftstheorie, 3 Bände.* München 1992.

Seiffert, Helmut und Radnitzky, Gerard (Hrsg.) (1989): *Handlexikon zur Wissenschaftstheorie.* München 1989.

Steinmann, Horst und Scherer, Andreas (1992): Stichwort «Wissenschaftstheorie». In: Corsten, Hans (Hrsg.): *Lexikon der Betriebswirtschaftslehre.* München 1992, S. 940–946.

Theisen, Manuel R. (1998): Wissenschaftliches Arbeiten: Technik – Methodik – Form. 9., aktualisierte und ergänzte Auflage, München 1998.

Ulrich, Peter und Hill, Willhelm (1979): Wissenschaftstheoretische Grundlagen der Betriebswirtschaftslehre. In: Raffée, Hans und Abel, Bodo (Hrsg.): *Wissenschaftstheoretische Grundfragen der Wirtschaftswissenschaften.* München 1979, S. 161–190.

Von Werder, Lutz (1998): *Kreatives Schreiben von Diplom- und Doktorarbeiten.* 2. Auflage, Berlin 1998.

Yin, Robert K. (1993): *Applications of case study research.* Thousand Oaks 1993.

Yin, Robert K. (1994): *Case study research – Design and methods.* 2. Auflage, Thousand Oaks 1994.

Stichwortverzeichnis

Die Autorinnen

Sybille Sachs   PD Dr. oec. publ., Assistenzprofessorin an der Universität Zürich. Forschungsschwerpunkt «Business and Society», Sloan Foundation-Projekt in Zusammenarbeit mit amerikanischen Hochschulen.

Andrea Hauser   Lic. oec. HSG, Assistentin am Institut für betriebswirtschaftliche Forschung der Universität Zürich, Lehrbeauftragte für Handelsfächer in der Grundausbildung der KV Zürich Business School.

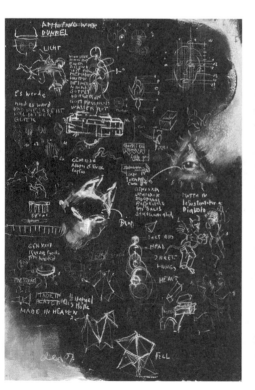

Die Künstlerin

Susanne Keller   Die Malerin Susanne Keller lebt und arbeitet in Zürich. In ihrem Atelier entstehen vor allem grossformatige Bilder, die seit 1980 in zahlreichen Ausstellungen im In- und Ausland zu sehen sind.

Die Illustrationen   Die Kapitel, die Sie gerade gelesen haben, werden mit Ausschnitten aus zwei Bildern von Susanne Keller eingeleitet. Sie tragen den Titel *Gedankeninfektion*. Die Künstlerin äussert sich dazu wie folgt:

«Wie kommen Menschen zu ihren Überzeugungen? Oder ist es nicht vielmehr so, dass Überzeugungen Menschen finden?

Neue Erkenntnisse, Theorien und Ideologien verbreiten sich wie Viren. Unter diesen gibt es hochansteckende, beispielsweise Grippeviren, die Gerüchten und Modeerscheinungen entsprechen. Anders funktioniert ein auf Langlebigkeit angelegtes Virus, das seine Entsprechung beispielsweise in Glaubenssystemen hat.

Den Wechselwirkungen zwischen den Verbreitungsmodi sind wir permanent ausgesetzt. – Einerseits bekommen wir Wissen, Glauben, Überzeugungen «in die Wiege» gelegt, andererseits müssen wir fortwährend mit neuen Erkenntnissen umgehen und diese Melange wiederum darstellen und weiterverbreiten.»